海岛型旅游地生态系统服务价值评估研究

李明峰 著

经济管理出版社
ECONOMY & MANAGEMENT PUBLISHING HOUSE

图书在版编目（CIP）数据

海岛型旅游地生态系统服务价值评估研究/李明峰著 . —北京：经济管理出版社，
2023. 10

ISBN 978-7-5096-9354-4

Ⅰ.①海⋯　Ⅱ.①李⋯　Ⅲ.①岛—旅游区—生态系—服务功能—研究—东山县
Ⅳ.①F592.757.4

中国国家版本馆 CIP 数据核字（2023）第 205489 号

组稿编辑：陈艺莹
责任编辑：任爱清
责任印制：许　艳
责任校对：王淑卿

出版发行：经济管理出版社
　　　　　（北京市海淀区北蜂窝 8 号中雅大厦 A 座 11 层　100038）
网　　址：www.E-mp.com.cn
电　　话：（010）51915602
印　　刷：北京虎彩文化传播有限公司
经　　销：新华书店
开　　本：720mm×1000mm/16
印　　张：13.75
字　　数：216 千字
版　　次：2023 年 11 月第 1 版　　2023 年 11 月第 1 次印刷
书　　号：ISBN 978-7-5096-9354-4
定　　价：78.00 元

本书是福建省高校以马克思主义为指导的哲学社会科学学科基础理论研究项目"生态系统服务价值变化对东山岛滨海旅游发展的响应研究"（项目编号：JSZM201040）的部分研究成果

本书出版得到福建省高校以马克思主义为指导的哲学社会科学学科基础理论研究项目"生态系统服务价值变化对东山岛滨海旅游发展的响应研究"（项目编号：JSZM201040）、闽南师范大学学术著作出版专项经费资助

前　言

　　近年来，由联合国千年生态系统评估（Millennium Ecosystem Assessment）项目组提出的生态系统服务功能分类方法得到国际上的广泛认可，它把生态系统服务功能分为产品提供功能、调节功能、文化功能和支持功能。生态系统服务（Ecosystem Services）是指人类从生态系统获得的各种惠益，包括供给服务、调节服务、文化服务以及支持服务。生态系统服务价值（Ecosystem Services Value）是指生态系统与生态过程所形成及所维持的人类赖以生存的自然环境条件和效用。它不仅为人类提供了食品、医药及其它生产生活原料，还创造与维持了地球生命支持系统，形成了人类生存所必需的环境条件。

　　我国拥有着约 1.8 万千米的海岸线，海滨地区在自然和人类因素的影响下形成了多样化的生态系统和人文景观，具备了巨大的旅游业发展潜力。此外，由于国内旅游市场规模的不断扩大和旅游公共服务体系的不断完善，许多海岸城市也成为备受欢迎的旅游目的地。然而，海岸旅游区位于陆地和海洋的交汇处，具有极其重要的生态价值，也是一个高度敏感的生态系统，属于沿海水陆交接带生态脆弱区的范畴。近年来，随着海岸旅游业的快速发展，人类的旅游经济行为在获取经济利益的同时，也给该地区生态系统服务功能造成了巨大损害，生态环境保护与经济发展之间的冲突日益尖锐。因此，探索旅游业的开发和生态系统服务功能的保护协同发展，对于维护生态系统服务的可持续发展、促进人与自然的和谐发展具有重要的意义。在这个瞬息万变的世界里，旅游业的快速发展成为经济增长和区域发展的重要引擎之一。因此，我们迫切需要进行服务价值评估研究，以更好地认识和保护这些宝贵的自然资源。

随着社会经济快速发展，东山岛以其优越的生态禀赋和深厚的历史文化底蕴条件，成为省内外著名的滨海度假旅游目的地。东山县先后荣获"福建最佳旅游目的地"、"国家生态县"、福建省十大滨海旅游精品、"国家级海洋生态文明示范区"及"国家全域旅游示范区"称号。东山岛作为滨海生态脆弱区，旅游发展对生态环境变化有深刻影响，伴随着旅游业的快速发展，滨海旅游区相继出现了生物多样性减少，海水富营养化，农田、木麻黄林面积减少以及生态系统服务功能下降等现象，在生态理念下开展东山岛滨海生态旅游可持续发展研究很有价值。

本书以福建东山岛滨海旅游区为研究区域，旨在通过综合分析海岛型旅游地的生态系统服务价值，结合生态学、经济学和社会学等多个学科领域的理论与方法，采样分析东山岛滨海旅游区水生态环境要素变化及土壤环境要素变化，并量化分析滨海旅游村镇、滨海旅游区木麻黄林以及沙滩生态系统服务价值的变化。同时，调查分析利益相关者对木麻黄林、沙滩生态系统服务的认知度，以及基于大型底栖动物分析游客环境认知与行为的关系，并进一步探讨游客环境友好行为与情境因素之间的关系。在此基础上，评估旅游开发对生态系统服务的影响，借助于丰富的案例分析和实证研究，提出一系列有关海岛型旅游地平衡生态开发与生态系统服务价值消耗的对策和建议。通过分析旅游开发造成的滨海旅游区生态系统服务价值的损耗状况，探索生态系统服务价值合理消耗路径，协调旅游开发的生态价值和经济价值，提高旅游开发后的生态效益和经济效益，可实现东山岛滨海旅游开发真正意义上的生态性。

因本人研究水平有限，在撰写过程中难免还存在疏漏与不足之处，因此，热切期待您的批评和意见，并希望本书能够为进一步研究和实践工作提供更多的启示和动力。

李明峰

2023 年 10 月于闽南师范大学

目　录

第一章　绪论 ··· 1

第一节　研究背景和意义 ··· 1

第二节　研究范围与概念界定 ····································· 3

第三节　研究思路和研究内容 ····································· 7

参考文献 ·· 10

第二章　相关文献综述 ··· 11

第一节　生态系统服务价值研究 ······························· 11

第二节　旅游开发对生态环境的影响研究 ················· 12

第三节　土地利用变化对旅游区生态系统服务价值的影响研究 ········· 13

第四节　木麻黄林生态系统服务价值评估研究 ············ 14

第五节　海滩生态系统服务价值评估研究 ················· 15

参考文献 ·· 16

第三章　滨海旅游区水环境对旅游干扰的响应研究 ······· 21

第一节　研究区域概况 ·· 22

第二节　研究方法与数据来源 ………………………………………… 22

第三节　水质状况评价 …………………………………………………… 24

第四节　旅游干扰对水质变化的影响 ……………………………… 25

第五节　旅游干扰与水环境因子相关性分析 ………………… 27

第六节　结论与对策 …………………………………………………… 28

参考文献 …………………………………………………………………… 30

第四章　游憩干扰对东山岛旅游区沙滩土壤环境的冲击 ……… 32

第一节　研究区域概况 ……………………………………………… 33

第二节　研究方法与数据来源 …………………………………… 34

第三节　沙滩土壤环境分析 ……………………………………… 36

第四节　游憩强度与沙滩土壤因子的相关性分析 ………… 41

第五节　结论与对策 …………………………………………………… 43

参考文献 …………………………………………………………………… 44

第五章　基于土地利用变化的滨海旅游村镇生态系统服务价值研究
　　　　——以东山岛为例 ……………………………………………… 46

第一节　研究区域概况 ……………………………………………… 47

第二节　数据来源与研究方法 …………………………………… 48

第三节　东山岛滨海旅游村镇土地利用变化分析 ………… 51

第四节　东山岛滨海旅游村镇生态系统服务价值 ………… 53

第五节　结论与对策 …………………………………………………… 57

参考文献 …………………………………………………………………… 59

第六章　滨海旅游区木麻黄林生态系统服务价值变化评估 …… 62

第一节　研究区域概况 ……………………………………………… 63

第二节　研究方法与数据来源 ⋯⋯⋯⋯⋯⋯⋯⋯⋯⋯⋯⋯⋯⋯⋯⋯ 65

第三节　生态系统服务经济功能价值分析 ⋯⋯⋯⋯⋯⋯⋯⋯⋯⋯ 70

第四节　生态系统服务生态功能价值分析 ⋯⋯⋯⋯⋯⋯⋯⋯⋯⋯ 72

第五节　木麻黄生态系统服务总价值的动态变化 ⋯⋯⋯⋯⋯⋯⋯ 74

第六节　结论与对策 ⋯⋯⋯⋯⋯⋯⋯⋯⋯⋯⋯⋯⋯⋯⋯⋯⋯⋯⋯ 77

参考文献 ⋯⋯⋯⋯⋯⋯⋯⋯⋯⋯⋯⋯⋯⋯⋯⋯⋯⋯⋯⋯⋯⋯⋯ 79

第七章　东山岛海滩生态系统服务价值评估 ⋯⋯⋯⋯⋯⋯⋯⋯⋯⋯ 81

第一节　研究区域概况 ⋯⋯⋯⋯⋯⋯⋯⋯⋯⋯⋯⋯⋯⋯⋯⋯⋯⋯ 82

第二节　研究方法与数据来源 ⋯⋯⋯⋯⋯⋯⋯⋯⋯⋯⋯⋯⋯⋯⋯ 82

第三节　生态系统服务直接价值评估 ⋯⋯⋯⋯⋯⋯⋯⋯⋯⋯⋯⋯ 83

第四节　生态系统服务间接价值评估 ⋯⋯⋯⋯⋯⋯⋯⋯⋯⋯⋯⋯ 84

第五节　东山县海滩生态系统服务构成分析 ⋯⋯⋯⋯⋯⋯⋯⋯⋯ 86

第六节　结论与对策 ⋯⋯⋯⋯⋯⋯⋯⋯⋯⋯⋯⋯⋯⋯⋯⋯⋯⋯⋯ 87

参考文献 ⋯⋯⋯⋯⋯⋯⋯⋯⋯⋯⋯⋯⋯⋯⋯⋯⋯⋯⋯⋯⋯⋯⋯ 89

第八章　利益相关者对东山岛木麻黄林生态系统服务的认知度评价 ⋯⋯ 90

第一节　研究区域概况 ⋯⋯⋯⋯⋯⋯⋯⋯⋯⋯⋯⋯⋯⋯⋯⋯⋯⋯ 91

第二节　研究方法与数据来源 ⋯⋯⋯⋯⋯⋯⋯⋯⋯⋯⋯⋯⋯⋯⋯ 92

第三节　样本特征 ⋯⋯⋯⋯⋯⋯⋯⋯⋯⋯⋯⋯⋯⋯⋯⋯⋯⋯⋯⋯ 93

第四节　利益相关者对木麻黄林生态系统服务的活动方式及
　　　　认知度分析 ⋯⋯⋯⋯⋯⋯⋯⋯⋯⋯⋯⋯⋯⋯⋯⋯⋯⋯⋯ 95

第五节　木麻黄林的生态效益及经济效益分析 ⋯⋯⋯⋯⋯⋯⋯⋯ 98

第六节　木麻黄林存在的主要问题 ⋯⋯⋯⋯⋯⋯⋯⋯⋯⋯⋯⋯⋯ 100

第七节　利益相关者对木麻黄林生态建设的认知度分析 ⋯⋯⋯⋯ 101

第八节　利益相关者对旅游开发的支持和支付意愿及其影响因素 ⋯⋯ 103

第九节　结论与对策 ·· 106

参考文献 ··· 108

第九章　游客对东山岛马銮湾沙滩生态系统服务认知的调查与分析········ 110

第一节　研究区域概况 ··· 111

第二节　研究方法与数据来源 ·· 111

第三节　游客对沙滩生态系统服务价值的认知分析 ················· 112

第四节　游客对沙滩生态系统服务的重要性排序 ···················· 114

第五节　游客对沙滩生态系统服务的支付意愿 ······················ 117

第六节　影响游客对沙滩生态系统认知的因素分析 ················· 118

第七节　结论与对策 ·· 120

参考文献 ··· 123

第十章　情境因素对游客环境友好行为意愿的影响研究

　　　　　——以东山岛马銮湾景区为例 ······························ 124

第一节　研究区域概况 ··· 125

第二节　研究方法与数据来源 ·· 126

第三节　样本特征描述 ··· 127

第四节　不同类型游客对环境友好行为的影响分析 ················· 129

第五节　游客环境友好行为意愿具体情况分布 ······················ 131

第六节　不同情境下游客环境行为特征描述 ·························· 132

第七节　游客环境友好行为意愿与情境因素调查结果 ·············· 133

第八节　情境因素与游客环境友好行为意愿的关系 ················· 135

第九节　结论与对策 ·· 137

参考文献 ··· 139

第十一章　海岛型国家级生态县旅游发展与生态环境耦合协调研究………　141

　　第一节　研究区域概况……………………………………………………　142

　　第二节　研究方法与数据来源……………………………………………　143

　　第三节　评价指标体系构建………………………………………………　146

　　第四节　东山县旅游发展水平分析………………………………………　147

　　第五节　东山县生态环境保护水平分析…………………………………　148

　　第六节　东山县旅游发展与生态环境耦合协调度分析…………………　149

　　第七节　结论与对策………………………………………………………　151

　　参考文献……………………………………………………………………　153

第十二章　基于生态系统服务价值合理消耗的生态旅游岛发展路径研究………　156

　　第一节　生态旅游岛的内涵、特征及建设标准…………………………　156

　　第二节　国际知名海岛旅游开发的经验和借鉴价值……………………　162

　　第三节　基于生态系统服务价值合理消耗的生态旅游岛发展建议……　199

　　参考文献……………………………………………………………………　204

后　记………………………………………………………………………　206

第一章 绪论

第一节 研究背景和意义

一、研究背景

生态系统服务在不同空间尺度为人类提供对其生存和发展有支持与满足作用的产品、资源和环境，它源于生态系统的过程和组分，能够为人类直接或间接地利用。生态系统服务（Ecosystem Services）是指通过生态系统的结构、过程和功能，人类以直接或间接方式得到的生命支持产品和服务（Costanza 等，1997）[1]。生态系统服务价值的定量评估是生态环境保护、生态功能区划和生态补偿决策的重要依据和基础（Egoh 等，2007）[2]。生态系统服务不仅是生态效益的重要组成部分，也是生态系统效益研究的重点和难点。生态脆弱区也称生态交错区（Ecotone），是一种类型的生态系统向另一种类型的生态系统演变的边缘交界区域。

我国拥有约 1.8 万千米的漫长海岸线，众多的滨海区域在自然与人为等因素的共同作用下形成多样的生态系统和人文景观，极具发展旅游业的资源潜力。加之国内旅游市场规模的持续扩大和旅游公共服务体系的不断完善，很多滨海地区成为著名的旅游目的地。滨海旅游区位于陆地、海洋交汇处，有着重要的生态价值，是人类活动剧烈、生态环境脆弱性程度高的敏感地带，属于沿海水陆交接带生态脆弱区的范畴。随着滨海旅游业的快速发展，人类的旅游经济行为在获取经济利益的同时，也加剧了该区域生态服务功能的损害。许多滨海旅游区相继出现了生物多样性减少、海水富营养化、生物栖息地变更、生物群落结构异常以及生态系统服务功能下降等问题（Dolan，2005）[3]，区域发展中生态环境保护与经济发展之间的矛盾日益尖锐，进行旅游开发与生态服务功能保护的协调研究，对于维护生态系统服务的可持续发展，推进人与自然的和谐有着非常重要的意义。

东山县作为海岛县，以优越的生态禀赋和深厚的历史文化底蕴，成为滨海生态旅游目的地。福建省在"十三五"规划中，明确培育环东山岛旅游产业集聚区，整合东山县与周边区域的旅游资源，重点开发以环东山岛的海湾、海岸为主体的滨海和海岛休闲度假、海上休闲运动产品。借助东山县对台区域优势，打造海峡两岸旅游交流平台，建设国家级旅游度假区。近年来东山县一直致力于生态旅游岛的建设，发展生态旅游产业也成为东山县经济发展的主要战略。但滨海旅游业在快速发展的同时，也带来了一系列的生态环境问题，如旅游开发趋势明显，土地利用结构变化剧烈；对海岸带大气、水体、土壤及生物等生态环境造成一定的破坏和污染，部分区域呈现景观破碎；旅游开发建设大肆砍伐沿岸防护林，破坏了防护林防风固沙功能，加剧了岸滩侵蚀趋势。这些问题对东山岛滨海旅游经济发展与生态环境保护双重目标的实现提出了挑战。分析旅游开发造成的滨海旅游区生态系统服务价值损耗状况，探索生态系统服务价值合理消耗路径，协调旅游开发的生态价值和经济价值，提高旅游开发后的生态效益和经济效益，可实现东山岛滨海旅游开发真正意义上的生态性。

二、研究意义

（一）理论意义

本书关注海岛型滨海旅游区开发建设的生态系统服务价值消耗问题，从经济发展与生态保护矛盾关系中梳理研究脉络与线索，旨在为旅游生态学提供一个新的视角，为探明区域生态系统服务价值与人类活动关系提供理论和方法体系，为相关后续研究提供一些新的理论依据，同时也为研究旅游开发造成的滨海旅游区生态系统服务价值损耗状况，探索生态系统服务价值合理消耗路径，为区域经济发展与生态保护双重目标的实现提供理论指导。

（二）实践意义

2016 年，中共东山县第十三次党代会提出建设"生态旅游岛漳南核心区"的发展战略，在此战略的引导下，目前和未来东山县的滨海旅游开发活动可能会使东山县面临生态系统功能损害的潜在风险。研究旅游开发对生态系统服务价值的影响、提出规避风险的措施，可避免不合理的旅游开发导致的生态系统功能损害。以东山岛滨海旅游区为研究区域，研究旅游开发造成的滨海旅游区生态系统服务价值的损耗状况，探索生态系统服务价值的合理消耗路径，为管理者提出基于生态系统管理的合理措施提供借鉴，对促进东山岛滨海旅游业的可持续发展具有一定实践意义。

第二节　研究范围与概念界定

一、研究区域选取依据

当前，旅游区生态系统服务价值评估研究在案例选择上主要集中于陆地、森林、草原及河流等风景名胜区域，而对滨海旅游区研究较少。随着社会经济快速发展，东山岛以其优越的生态禀赋和深厚的历史文化底蕴，成为省内外著名的滨海度假旅游目的地。东山县先后荣获"福建最佳旅游目的地""国家生态县""福建省十大滨海旅游精品""国家级海洋生态文明示范区"及国家全域旅游示范区称号。东山岛作为滨海生态脆弱区，旅游发展对生态环境变化有深刻影响，伴随着旅游业的快速发展，滨海旅游区相继出现了生物多样性减少、海水富营养化，农田、木麻黄林面积减少及生态系统服务功能下降等现象，在生态理念指导下开展东山岛滨海生态旅游可持续发展研究很有价值。我国海岛型旅游区较多，例如，上海的崇明岛、广东的南澳岛、福建的平潭岛和湄洲岛等，以东山岛旅游区为案例进行研究将会为其他海岛型区域提供借鉴。选择东山岛作为研究区域，具有一定的典型性和代表性。

二、自然地理环境概况

东山县在东经 117°17′~117°35′、北纬 23°33′~23°47′，位于福建省最南端闽粤交界的沿海突出部，介于厦门与汕头两个经济特区之间。总面积为 243.4 平方千米，海域面积超 1800 平方千米，海岸线长达 181.47 千米，是全国第六、福建省第二大海岛县。东濒中国台湾海峡，西临诏安湾与诏安县，南濒南海，东北与漳浦县古雷半岛相邻，西北跨过八尺门海峡与云霄县交界。东山距漳州市 134 千米，距厦门市 192 千米，距广东汕头 130 千米；距澎湖 98 海里，距高雄 110 海里，距中国香港 210 海里。东山岛上绿树成荫，素有"东海绿洲"之称。沿海防护林形成"绿色长廊"，全岛绿化程度达 94% 以上。

地貌类型主要有低丘、台地、滨海小平原，主要由连片风沙地组成。沙滩分布于东南海岸线，共有 7 个呈半月形状的海湾，绵延 30 多千米，宽约 60~100 米，高潮区坡度约 40°~60°，中低区约 10°。东山硅砂资源储量 2 亿多吨，含硅量达 97% 以上，是全国最大的优质硅砂生产基地。在海峡两岸经济文化交流中具有特殊优势。

东山县属于南亚热带海洋性季风气候，年平均气温 21.5℃，8 月平均气温 27.4℃，2 月平均气温 12.9℃。夏无酷暑，冬无严寒，终年无霜。多年平均降雨量为 1257.7 毫米，平均蒸发量为 2013.2 毫米，年平均相对湿度为 80%。

据调查统计，东山县海洋生物现有种类达 1242 种，拥有一个省级珊瑚自然保护区，还有全球环境基金资助和联合国开发计划署实施的"中国南部沿海生物多样性管理"等项目。

三、社会经济概况

东山县设有国家级经济技术开发区、旅游经济开发区、7 个镇级人民政府、61 个行政村和 16 个居委会，常住人口 22.12 万人。入选首批"国家全域旅游示范区"创建名单，全国十大美丽海岛评选位居第一，获评国家卫生县城，全国平安建设先进县、全国双拥模范县、"全国深呼吸小城 100 佳"，是首批国家级海洋生态文明示范区、国家级生态保护与建设示范区、"国家生态县"、"中国优秀旅游县"、"全国科普示范县"、首个"中国曲艺之乡"。根据《2023 年东山县政府工作报告》，东山县预计完成生产总值 231.89 亿元，增长 8% 以上；农林牧渔业总产值 94.38 亿元，增长 5.2%；规模工业总产值 253.31 亿元，增长 20.3%；固定资产投资 93.18 亿元，增长 17.5%；社会消费品零售总额 92.25 亿元，增长 5.5%；外贸进出口 126 亿元，增长 15%；实际利用外资 0.86 亿元；一般公共预算总收入 19.37 亿元，增长 7.11%（如果剔除留抵退税因素，那么完成 22.46 亿元，同口径增长 23.4%）；地方一般公共预算收入 15.63 亿元，增长 37.52%（如果剔除留抵退税因素，那么完成 17.17 亿元，同口径增长 50.34%）；城镇居民人均可支配收入 46579 元，增长 8%；农村居民人均可支配收入 29790 元，增长 9.2%。

四、滨海旅游开发状况

东山县自然生态禀赋优越，历史文化悠久，自然旅游资源及人文旅游资源丰厚，遍布着大量的古文化遗址。东南沿岸 7 个月牙形海湾绵延 30 多千米，环绕东山主岛周边 66 个形态奇特的小岛，尤其是东部被誉为中国四大名屿的东门屿和 10 余个小岛组成的东山湾内岛群，由于西南部的龙、虎、狮、象四屿及沿海的众多礁石发生地质构造变化，因此显得奇异生动、各具情趣，形成了一道道奇特的自然景观。在全国六大类 74 种旅游资源中，东山岛具备六大类中的 48 种。拥有"风动石—塔屿"和马銮湾两个国家 AAAA 级景区，全国重点文物保护单位东山关帝庙、国家海滨森林公园、珊瑚省级自然保护区；明朝理学家黄道周的出生地，戚继光抗倭扎寨的练兵地，以及郑成功、施琅收复中国台湾的出征地等遗址；"关帝文化""东山陆桥""南岛语族"及载入《中国地理之最》的"天下第一奇石"东山风动石等一批史前遗存；是中华人民共和国成立后东山保卫战的发生地，是谷文昌精神的发祥地。东山县每年举办的"海峡两岸关帝文化旅游节"已经成为连接海峡两岸民间文化交流的重要纽带。东山县利用优越的滨海自然条件，多次承办帆船帆板、沙滩排球、风筝冲浪、钓鱼、环岛马拉松等大型赛事。

东山县滨海旅游发展始于 20 世纪 80 年代中后期，随着社会经济的快速发展，旅游业也成为东山县的主导产业。成立民宿发展协会，创新开展海上民宿试点，进一步规范民宿和短租房管理。铜陵获评福建省全域旅游生态小镇，南门湾夜市成为旅游消费新热点。据 2023 年东山县文旅体局统计，2022 年东山县累计接待游客 523.16 万人次，旅游收入 61.85 亿元，分别比 2021 年增长 8.9% 和 8.2%。引入总投资为 420 亿元的高端旅游综合体开发项目 10 个，如关帝文化产业园项目、海洋创意文化产业园项目等。旅游交通基础逐步完善，东山县投入 15.5 亿元，建成 72.4 千米双向 6 车道的环岛旅游景观大道。着眼于创建全域旅游示范区，实施风动石、马銮湾景区提升工程，加快苏峰山景区规划开发。推进海湾公园三期、旅游集散中心建设，打造恒大滨海休闲旅游综合体，完善马銮湾、金銮湾片区商业娱乐等服务配套功能。以谷文昌干部学院投用为契机，开发红色旅游线路，做大谷文昌红色文化旅游品牌。

第三节　研究思路和研究内容

一、研究思路

本书首先梳理了国内外生态系统服务价值方面的研究文献，确定海岛型旅游地旅游生态系统服务价值评估研究的框架；其次通过实地调研、收集资料、采样分析等方式进一步剖析了旅游发展背景下滨海区生态系统中水、土壤、土地利用、木麻黄林、海滩五个因素的变化，量化评估旅游开发对滨海区生态环境的影响；再次借助问卷调查分析核心利益相关者对生态系统中木麻黄林、海滩生态系统服务的认知度以及景区游客环境友好行为与情境因素的关系；最后通过对东山县旅游发展和生态环境现状进行耦合度测算，探究影响旅游发展和生态环境耦合协调度的因素，提出基于生态系统服务价值合理消耗的国际生态旅游岛发展建议。

本书的技术路线如图 1-1 所示。

二、研究内容

本书以福建东山岛滨海旅游区为研究区域，采样分析东山岛滨海旅游区水生态环境要素变化及土壤环境要素变化，并量化分析滨海旅游区村镇、木麻黄林以及沙滩生态系统服务价值的变化。同时，调查分析利益相关者对木麻黄林、沙滩生态系统服务的认知度，并进一步探讨游客环境友好行为与情境因素之间的关系。在此基础上，评估旅游开发对生态系统服务的影响，提出平衡生态开发与生态系统服务价值消耗的对策和建议。

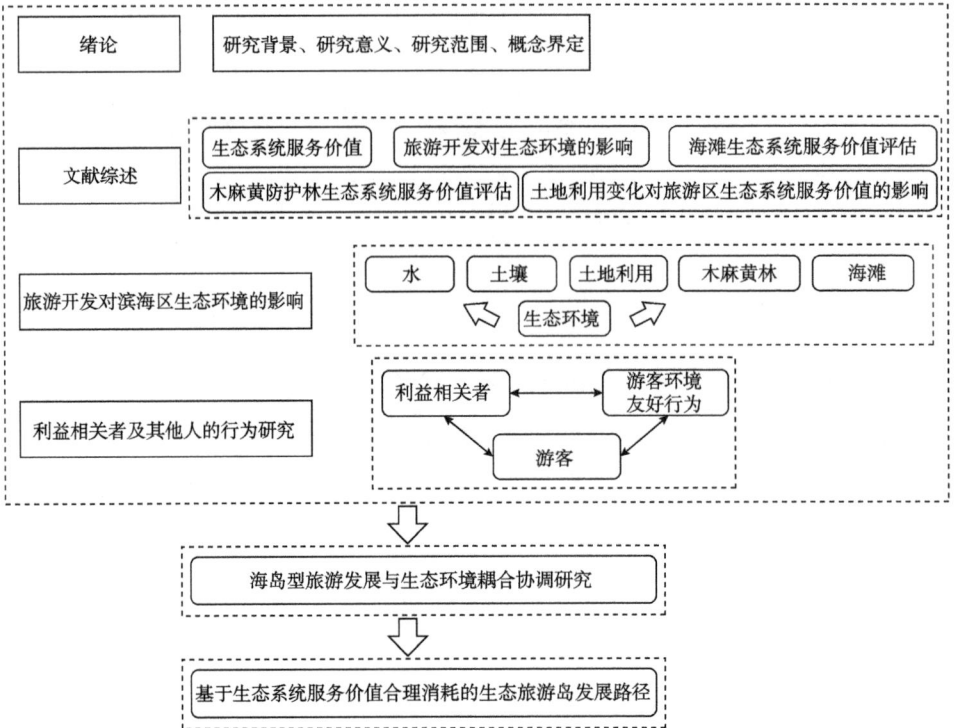

图1-1　本书的技术路线

本书基于东山岛滨海旅游区旅游开发对生态系统服务价值的影响展开了一系列的研究工作。具体内容如下：

（1）调查研究区域自然环境及地理条件、社会经济发展、旅游开发以及生物资源等状况。

（2）滨海旅游区水环境对旅游干扰的响应研究。通过实地调研，对水环境因子进行监测，探究水环境对旅游干扰的响应机制。水质测定的八个指标分别是温度、盐度、pH、DO、COD、TP、TN、NO_3-N。

（3）东山岛滨海旅游区沙滩土壤环境对游憩活动冲击的响应。采取野外实地取样与实验室科学分析相结合的方法，根据游憩强度的强弱划分出四个区域，分析评估游憩强度与土壤因子指标之间的相关性与显著性。以东山岛滨海旅游区为对象探究游憩活动对东山旅游度假区土壤环境的影响程度和规律。

（4）土地利用变化对东山岛滨海旅游区生态系统服务价值影响的研究。为了研究土地利用变化对生态系统服务价值的影响，基于福建省东山岛滨海旅游村镇 2009 年、2014 年和 2019 年的土地利用面积数据，运用价值当量因子法分析该区域的生态系统服务价值、旅游开发造成的木麻黄林生态系统价值变化。

（5）滨海旅游区木麻黄林生态系统服务价值变化评估。基于国家标准《森林生态系统服务功能评估规范》与东山木麻黄林景观的旅游特色，构建木麻黄林森林生态系统价值评估指标体系，以 2003 年、2007 年、2011 年、2015 年为时间节点，对东山岛滨海旅游区木麻黄林生态系统价值进行评估，对比分析木麻黄林生态系统价值变化趋势。

（6）沙滩生态系统服务价值评估。根据 Costanza 等的 ESV 方法及海洋生态系统服务功能特征分类，从护岸功能、旅游功能、水分调节功能、降低污染和保护生物多样性功能方面构建东山岛沙滩生态系统服务价值评估指标体系，进行沙滩生态系统服务价值评估。

（7）利益相关者对东山岛木麻黄林生态系统服务的认知度评价。采用问卷调查法，对游客、当地居民、旅游经营者、当地政府发放调查问卷，调查这些重要利益相关者对东山岛木麻黄林的主观感受，分析他们对该生态系统服务的认知度。

（8）游客对东山岛马銮湾沙滩生态系统服务认知调查与分析。以东山岛马銮湾为例，采用问卷调查法，调查游客对东山岛马銮湾沙滩生态系统服务价值的认知度、服务的重要性排序，影响游客认识的因素以及游客对沙滩生态系统服务的支付意愿、支付额度。

（9）情境因素对游客环境友好行为意愿影响研究。以福建东山岛马銮湾景区为典型案例地，从一般环境行为、具体环境行为两方面，设置游客环境友好行为意愿指标；从区位行为、他人压力、环境教育三方面，设置情境指标；以问卷调查的方式对景区 300 名游客进行调查，获得 286 份有效问卷，并借助 SPSS 软件对数据进行统计分析。

（10）海岛型国家级生态县旅游发展与生态环境耦合协调研究。以福建省东山县为研究对象，构建东山县旅游发展与生态环境系统耦合协调度模型及综合评价指标体系，分析东山县 2000~2022 年旅游经济发展与生态环境质量变化之间的耦合协调程度及其演变过程。

（11）平衡生态开发与生态系统服务价值消耗的对策和建议。通过研究分析滨海旅游区水土环境对旅游干扰的响应、土地利用变化对东山岛滨海旅游区生态系统服务价值的影响、旅游开发对木麻黄林生态系统服务价值及沙滩生态系统服务价值的影响，评估旅游开发对生态系统服务的影响效应。同时，提出国际旅游岛的内涵、特征及建设标准，并介绍国际知名海岛案例，最终提出平衡生态开发与生态系统服务价值消耗的对策和建议。

参考文献

［1］Costanza R，D'Arge R，De Groot R S，et al. The Value of the World's Ecosystem Services and Natural Capital［J］. Nature，1997，387：253-260.

［2］Egoh B，Rouget M，Reyers B，et al. Integrating Ecosystem Services into Conservation Assessments：A Review［J］. Ecological Economics，2007，63（4）：714-721.

［3］Dolan A H，Taylor M，Neis B，et al. Restructuring and Health in Canadian Coastal Communities［J］. Eco-Health，2005，2：195-208.

第二章　相关文献综述

第一节　生态系统服务价值研究

近年来，由联合国千年生态系统评估（The Millennium Ecosystem Assessment，MA）项目组提出的生态系统服务功能分类方法得到了国际上的广泛认可，它把生态系统服务功能分为产品提供功能、调节功能、文化功能和支持功能（摆万奇和赵士洞，2001）[1]。生态系统服务（Ecosystem Services）是指人类从生态系统中获得的各种惠益，包括供给服务、调节服务、文化服务以及支持服务（Millennium Ecosystem Assessment，2005）[2]。生态系统服务价值（Ecosystem Services Value）是指生态系统与生态过程所形成及所维持的人类赖以生存的自然环境条件和效用，包括对人类生存及生活质量有贡献的生态系统产品和生态系统功能（Pye，1983；赖勇等，2023）[3-4]。1997年，美国生态学家Robert Costanza估算了全球生态系统服务功能和自然资本价值，为之后的生态系统服务价值相关研究奠定了理论基础（Costanza，1997）[5]。由这些生态系统服务功能延伸出对自然资源与生态系统服务价值的定量评估方法。目前，国际上的方法主要有物质量评价法、价值量评价法和能值分析法三种（肖寒等，2000）[6]。国际上对滨海地区生态系统服务功能价值的研究已有20多年的历史，对滨海地区生态系统服务功能价值的研究已成为全球生态系统服务功能价值研究的一个重要方面。国内外关于生态系统服务价值的研究较多，主要集中在价值化方法、价值变化及驱动因子、生态系统服务价值与社会经济相关性等方面（张静静等，2023；李保杰等，2023；陈飞燕等，2023）[7-9]。其中，应用较为广泛的价值评估方法主要有直接市场价格法、替代市场法、碳税法、造林成本法、陈述偏好法、参与式环境估值、影子工程法、效益转移法等（王广军等，2014）[10]。生态系统服务价值巨大，价值越高，区域社会经济发展越好，一定程度上也可以体现区域可持续发展水平。

第二节　旅游开发对生态环境的影响研究

旅游开发对生态环境的影响也引起了人们的广泛重视（裴星星，2022；李潇洒和杨钊，2022）[11-12]。几十年来，游憩生态学领域在国际上产生了大量的研究成果，游憩活动对生态环境的影响的相关研究已相当成熟，例如，游憩践踏对林区植被的冲击、游憩冲击对荒野生态系统的威胁、露营地游径建设及使用对土壤的影响、游憩利用对荒野环境生物的物理冲击、游憩践踏与土壤环境变化之间的关系。尽管我国旅游业起步较晚，旅游研究工作也滞后于欧美国家，但对游憩活动对生态环境影响方面的研究较多、成果较为集中（夏骋鹬和郭淑芬，2021）[13]。自20世纪80年代以来，许多学者对游憩活动导致的生态环境破坏进行了深入研究，大多集中在土壤、空气、水土、动植物等生境因子领域。九华山风景区大型土壤动物群落受旅游活动的影响明显，旅游活动量越大，土壤动物捕获量越少（晋秀龙等，2011）[14]；岳麓山旅游非热点区域的昆虫多样性和丰富度明显高于热点区域，旅游非热点区域的昆虫均匀度指数稍高于旅游热点区域（王怀採等，2011）[15]；旅游干扰程度不同的普达措国家公园三种生境下鸟类多样性也不同，客流量对鸟类多样性的影响很大，而车流量对鸟类多样性的影响较微弱（李玥等，2015）[16]；华尔等（2010）[17]在青岛太平湾砂质滩进行人为踩踏扰动现场实验，散步、奔跑、嬉戏及浅海区等沙滩运动引起的沉积物改变可能是导致小型底栖动物群落变化的重要原因之一。舟山海岛目前旅游环境良好，但随着旅游业的发展，环境问题将会日益显露（乐忠奎，2000）[18]。

近几年来相关学者也开始进行旅游用地的生态效应研究，如余中元（2012）[19]对海南岛建设国际旅游岛旅游用地生态效应调控机制的研究，李鹏山等（2012）[20]运用GIS技术开展对海口市滨海旅游区土地利用生态环境效应研究。我国对滨海地区的开发利用活动无论是规模还是分布范围都迅速扩大，但无序、粗放式开发同时也引发了诸多问题，如大规模的填海造地活动导致我国自然岸线比例不断降低，弯曲的自然岸线被人为拉直，人类旅游活动干扰近岸海域生态环境（刘百桥等，2015）[21]。这样的影响过程是渐进的、长时间的，通常是不可恢复的（池源等，2015）[22]。目前的研究以生态系统中的要素成分对旅游业发展的生态响应的解释或野外观测的对比实证研究为主。

第三节　土地利用变化对旅游区生态系统服务价值的影响研究

土地是各种自然生态系统的载体，土地利用是人类改造自然的主要方式，土地利用方式的变更会导致自然生态系统的变化（许中旗等，2005；丁星明和朱诗渊，2023；胡芳等，2023）[23-25]。土地利用/覆被变化（LUCC）能直接改变生态系统的结构和功能，对调节生态系统服务价值具有重要作用（Kreuter 等，2001）[26]。土地利用/覆被变化（LUCC）所导致的生态系统服务价值的变化是衡量一个地区生态环境效益的重要指标，对定量化综合考察生态环境效益具有突出的作用（伍星等，2009）[27]。目前，针对旅游区生态系统服务价值的定量化研究主要集中在森林生态系统、湖泊－河流生态系统（蔡耀欣等，2023；王静等，2022）[28-29]。王英姿等（2006）[30]、陈笑筑（2015）[31] 研究武夷山和黄果树风景名胜区的生态系统变化，认为旅游开发降低了生态系统服务价值。张佩（2015）[32] 对大喀纳斯旅游区的湖泊－河流生态系统进行考察，发现多种生态系统服务价值呈现负增长。然而，从土地利用变化角度分析海岛型旅游区生态服务价值的影响机制以及定量评价其影响的研究较少。

第四节　木麻黄林生态系统服务价值评估研究

木麻黄是我国东南沿海地区优良的防护林树种，具有耐盐碱、抗风沙、生长迅速等特点，自 20 世纪 50 年代以来在我国东南沿海大面积种植。木麻黄具有多重效益，生态效益是最基本的效益，突出表现为防风固沙、保持水土、涵养水源、改善大气、保护农田、抵御自然灾害等（邹佳敏等，2022）[33]。木麻黄所带来的生态效益远远大于其直接的经济效益，是维持沿海生态平衡的关键，对于沿海地区的生态安全起着至关重要的作用（刘贺娜等，2020）[34]。张巧等（2015）[35] 应用层次分析法（AHP）原理对平潭岛木麻黄、黑松、湿地松、中国台湾相思树四个主要防护林树种的综合生态效益进行评价。文华英（2015）[36] 基于平潭县资源调查、典型样地实地调查、土壤理化性质实验分析及文献收集的数据，对平潭岛上主要四种防护林——木麻黄林、中国台湾相思林、湿地松林和黑松林的生态系统服务功能价值进行核算，并提出了提高海坛岛防护林生态系统服务功能的措施。李敦禧等（2017）[37] 采用生物量回归模型估算不同径阶、不同类型森林的木麻黄林木生物量与碳储量。尤龙辉等（2016）[38] 探讨了沿海道路建设对木麻黄林林下气候因子、木麻黄生长、林下植被组成及其多样性、林下土壤质量肥力、土壤重金属污染和防护林景观变化的影响。聂森等（2012）[39] 分析了海岸带木麻黄林生态系统过程与可持续管理。李恭学等（2012）[40] 分析海岛风景旅游区防护林营建及林带结构模式。王珍（2010）[41] 对福建沿海木麻黄林的生态系统服务功能进行定量化评估，提出改善沿海木麻黄林生态系统服务功能的有效途径。

第五节　海滩生态系统服务价值评估研究

海滩生态系统是海岸带陆地、海洋和大气交互作用形成的典型生态系统（王颖和朱大奎，1987；吴正等，1995）[42-43]。沙地是海岸地区的天然防护屏障，具有良好的生物多样性维护功能和文化旅游价值（Natesan and Parthasarathy，2010；Miller 等，2010）[44-45]。海岸沙地生态系统除了海岸防护功能、水文调节功能、降污净化功能及滨海旅游服务功能之外，还有原材料供给、碳汇等功能（李淑娟和高琳，2020；宋婷等，2020）[46-47]。因此其既具有生态价值，又具有经济与社会价值。国内在海滩的保护研究方面已经取得了一定成果，例如，通过观测福建省东部沿海海岸的风沙流结构特征，提出从海滩到内陆应该依次采用栅栏阻沙、草灌丛固沙以及乔木防风的梯级防风固沙带的建议，这种方式可在一定程度上有效减少海岸风沙灾害（雷怀彦等，2008）[48]。但是目前大多只是对海岸沙丘、前缘海滩和后缘栖息地等独立地貌单元进行研究，缺乏对其生态服务价值的准确评估（杜建会等，2015）[49]。国外在这些方面的研究较多，有学者提出海滩同样具有重要的生态系统服务功能（Debaine and Robin，2012；Everard 等，2010)[50-51]。例如，有孔结构的沙丘护滩工程在印度洋海啸袭来时有效地削减了风暴潮与海啸的能量，保护了位于沙滩后面的居民栖息地，减少了海啸、台风等自然灾害所造成的损失，成为沙地生态系统护岸功能研究的新思路。

综上所述，生态系统服务和旅游环境影响已有的研究从不同的角度、尺度开展，但尚未见东山岛滨海旅游区旅游开发造成的土地利用变化、木麻黄生态系统服务价值消耗的研究。旅游开发造成的滨海生态脆弱区生态系统服务价值损耗状况研究，是旅游环境学与生态经济学相交叉的科学研究，对区域旅游经济发展与生态保护有重要意义。

参考文献

［1］摆万奇，赵士洞．土地利用变化驱动力系统分析［J］．资源科学，2001，23（3）：39-41.

［2］Millennium Ecosystem Assessment. Ecosystems and Human Well－bing：Synthesis［M］．Washington D C：Island Press，2005.

［3］Pye K. Coastal Dunes［J］．Progress in Physical Geography，1983（7）：531-559.

［4］赖勇，林少涛，黄光庆，等．快速城镇化背景下生态系统服务价值时空变化及空间特征研究——以潮州市潮安区为例［J］．生态科学，2023，42（4）：18-28.

［5］Costanza R，D'Arge R，De Groot R S，et al. The Value of the Word's Ecosystems Service and Natural Capital［J］．Nature，1997，387：253-260.

［6］肖寒，欧阳志云，赵景柱，等．森林生态系统服务功能及其生态经济价值评估初探——以海南岛尖峰岭热带森林为例［J］．应用生态学报，2000，11（4）：481-484.

［7］张静静，巴明廷，陈曦．2010—2017 年郑州市生态系统服务价值时空

变化分析［J］. 生态科学, 2023, 42 (3): 177-183.

［8］李保杰, 褚帅, 顾和和. 淮海经济区生态系统服务价值时空分异特征研究［J］. 地域研究与开发, 2023, 42 (2): 167-172.

［9］陈飞燕, 刘艳晓, 张倩, 等. 河南省生态系统服务价值的时空变化研究［J］. 信阳师范学院学报 (自然科学版), 2023, 36 (2): 173-179.

［10］王广军, 唐筱洁, 李惠强. 广西北海滨海国家湿地公园生态系统服务功能价值评估［J］. 中国市场, 2014 (37): 144-145+153.

［11］裴星星. 旅游开发对乡村生态环境的影响及应对策略研究——兼评文章《西南地区旅游经济对生态环境影响的实证研究》［J］. 生态经济, 2022, 38 (11): 230-231.

［12］李潇洒, 杨钊. 安徽省生态系统服务价值与人类福祉的关联性研究［J］. 云南地理环境研究, 2022, 34 (6): 10-19.

［13］夏骁鹂, 郭淑芬. 黄河流域旅游开发强度对生态效率的影响研究［J］. 经济问题, 2021 (12): 104-111.

［14］晋秀龙, 陆林, 巩劼, 等. 旅游活动对九华山风景区大型土壤动物群落影响［J］. 地理研究, 2011, 30 (1): 103-114.

［15］王怀採, 钟永德, 罗芬. 旅游开发对昆虫多样性的影响——以岳麓山为例［J］. 中国农学通报, 2011, 27 (10): 58-62.

［16］李玥, 马国强, 耿满. 云南鹤庆草海湿地鸟类多样性研究［J］. 林业建设, 2015 (4): 48-51.

［17］华尔, 林佳宁, 冯颂, 等. 踩踏对砂质滩小型底栖动物的影响——现场扰动实验初步结果［J］. 中国海洋大学学报 (自然科学版), 2010 (10): 63-68+78.

［18］乐忠奎. 舟山海岛旅游环境可持续发展初步研究［J］. 东海海洋, 2000, 18 (2): 58-63.

［19］余中元. 国际旅游岛建设旅游用地生态效应调控机制研究［J］. 生

态经济，2012（1）：166-170.

[20] 李鹏山，谢跟踪，苏珊，等．基于 GIS 的海口市滨海旅游区土地利用的生态环境效应研究［J］．安徽农业科学，2012，40（4）：2327-2330+2369.

[21] 刘百桥，孟伟庆，赵建华，等．中国大陆 1990—2013 年海岸线资源开发利用特征变化［J］．自然资源学报，2015，30（12）：2033-2044.

[22] 池源，石洪华，郭振，等．海岛生态脆弱性的内涵、特征及成因探析［J］．海洋学报，2015，37（12）：93-105.

[23] 许中旗，李文华，闵庆文，等．锡林河流域生态系统服务价值变化研究［J］．自然资源学报，2005，20（1）：99-104.

[24] 丁星明，朱诗渊．赣州不同情景土地利用变化对生态系统服务价值影响［J］．北京测绘，2023，37（3）：415-419.

[25] 胡芳，曾海波，杨凯钧，等．基于土地利用变化的生态系统服务价值时空演变特征分析［J］．国土资源导刊，2023，20（1）：78-84.

[26] Kreuter U P, Harris H G, Matlock M D, et al. Change in Ecosystem Service Values in the San Antonio Area, Texas［J］. Ecological Economics，2001（39）：333-346.

[27] 伍星，沈珍瑶，刘瑞民，等．土地利用变化对长江上游生态系统服务价值的影响［J］．农业工程学报，2009，25（8）：236-241.

[28] 蔡耀欣，江怡萱，谢祥财．基于土地利用的晋江流域生态系统服务价值时空变化［J］．黑龙江生态工程职业学院学报，2023，36（1）：7-14+36.

[29] 王静，周绍昆，孟繁林，等．土地利用演变对泸沽湖流域生态系统服务价值评估与时空变化的影响［J］．西部林业科学，2022，51（5）：34-42.

[30] 王英姿，何东进，洪伟，等．武夷山风景名胜区森林生态系统公共服务功能评估［J］．江西农业大学学报，2006，28（3）：409-414.

［31］陈笑筑．黄果树风景名胜区土地生态服务价值变化研究［J］．上海国土资源，2015，36（2）：24-27+41.

［32］张佩．大喀纳斯旅游区湖泊—河流生态系统服务价值及其影响因素研究［D］．乌鲁木齐：新疆农业大学，2015.

［33］邹佳敏，李建中，禹慧琴，等．生态公益林生态系统服务价值评估研究——以江西省为例［J］．中国林业经济，2022（5）：8-14.

［34］刘贺娜，李茂瑾，王艳艳，等．不同离海距离木麻黄防护林单木健康评价［J］．热带作物学报，2020，41（11）：2322-2328.

［35］张巧，黄义雄，文华英，等．福建平潭岛沿海防护林综合生态效益评价［J］．西南林业大学学报，2015，35（2）：63-67.

［36］文华英．海坛岛防护林主要森林类型生态系统服务功能评估［D］．福州：福建师范大学，2015.

［37］李敦禧，杨众养，宿少锋，等．岛东林场沿海防护林木麻黄生物量与碳储量价值研究［J］．热带林业，2017，45（3）：27-30.

［38］尤龙辉，林捷，谭芳林，等．福建省岩石性海岸、潮间沙石海滩生态系统服务及其价值研究［J］．防护林科技，2016（10）：10-14.

［39］聂森，张勇，仲崇禄，等．福建沿海木麻黄速生抗性无性系选育［J］．福建林学院学报，2012，32（4）：300-304.

［40］李恭学，吴章蓬，陈益泰，等．海岛风景旅游区防护林营建及林带结构模式分析［J］．防护林科技，2012（5）：18-20.

［41］王珍．福建省沿海木麻黄防护林生态系统服务功能及其评价［D］．福州：福建农林大学，2010.

［42］王颖，朱大奎．海岸沙丘成因的讨论［J］．中国沙漠，1987，7（3）：29-40.

［43］吴正，吴克刚，黄山，等．华南沿海全新世海岸沙丘研究［J］．中国科学（B辑），1995，25（2）：211-218.

［44］Natesan U，Parthasarathy A. The Potential Impacts of Sea Level Rise along the Coastal Zone of KanyaKumari District in Tamilandu，India ［J］. Journal of Coastal Conservation，2010，14：207-214.

［45］Miller T E，Gornish E S，Buckley H L. Climate and Coastal Dune Vegetation：Disturbance，Recovery，and Succession ［J］. Plant Ecology，2010，206：97-104.

［46］李淑娟，高琳. 胶州湾北岸滨海地区4个时期生态系统服务价值和生态功能区划分研究 ［J］. 湿地科学，2020，18（2）：129-140.

［47］宋婷，吕田田，冯朝阳，等. 辽河保护区典型湿地红海滩国家风景廊道景观游憩服务价值评估 ［J］. 环境工程技术学报，2020，10（4）：572-578.

［48］雷怀彦，林炳煌，刘建辉，等. 福建东部海岸风沙流结构特征及沙害防治对策 ［J］. 华侨大学学报（自然科学版），2008，29（1）：143-147.

［49］杜建会，董玉祥，胡绵友. 海岸沙地生态系统服务功能研究进展与展望 ［J］. 中国沙漠，2015，35（2）：479-486.

［50］Debaine F，Robin M. A New GIS Modelling of Coastal Dune Protection Services against Physical Coastal Hazards ［J］. Ocean & Coastal Management，2012，63：43-54.

［51］Everard M，Jones L，Watts B. Have We Neglected the Societal Importance of Sand Dunes An Ecosystem Services Perspective ［J］. Aquatic Conservation：Marine and Freshwater Ecosystems，2010，20（4）：476-487.

第三章 滨海旅游区水环境对旅游干扰的响应研究

当今社会，旅游业成为了世界各地经济发展的重要推动力（王兆峰等，2023；吕宁等，2022；司正等，2023）[1-3]。而滨海旅游区由于其独特的自然环境和文化资源，越来越受到人们的青睐（许闻璐等，2023）[4]。伴随着滨海旅游的快速发展，土壤环境污染和退化的问题也变得越来越突出（张广海和刘二恋，2022；范成新等，2021）[5-6]。滨海旅游区的沙滩土壤环境，作为人们最为熟知和直接接触的自然环境之一，承受着游客活动的冲击（翁宇斌等，2022）[7]。同时，水环境作为滨海旅游区的一项重要自然环境，也不可避免地受到游客活动的影响（李杨帆等，2022；揭秋云和符国基，2011）[8-9]。

基于以上讨论，本章旨在探讨游憩活动对东山滨海旅游区水环境和土壤环境的影响及其程度和方式。当前，在旅游业不断发展的背景下，滨海旅游区水环境和土壤环境受到的影响需要更多关注和研究。本章研究的结果将为地方政府和社会公众提供有价值的参考，促进滨海旅游区可持续发展的同时，保护地方自然环境。

第一节　研究区域概况

东山岛地处中国福建省南部沿海、中国台湾海峡西岸。地理坐标是东经117°17′~117°35′、北纬23°33′~23°47′，海域面积26300多平方千米，陆地面积约220平方千米。属于亚热带海洋性气候，1月平均气温13.1℃，7月平均气温27.3℃，多年平均气温为20.8℃，终年无霜冻，多年平均降水1103.8毫米。东山岛是福建省著名的风景名胜区之一。东山曾获得中国优秀旅游县、福建省最佳旅游目的地、"福建省十大旅游品牌"、"福建省十大滨海旅游精品""福建十大美丽海岛"等荣誉称号。目前滨海旅游区主要集中在东南部的马銮湾和金銮湾，2013年马銮湾景区被评为AAAA级旅游景区，国家帆船帆板训练基地位于景区内。马銮湾沙滩长达2500米，宽达60米；金銮湾位于东山岛中部，面积大约有14平方千米，金銮湾湾长5000多米，宽达60~100米。马銮湾和金銮湾沙滩滩长坡缓，沙细质软，海水清澈，海面无礁石无污染，是健康型的天然浴场，非常适合进行水上自行车、摩托艇、快艇、沙滩跑马、沙滩排球、沙滩足球、潜水风筝帆板、垂钓等各种水上运动。

第二节　研究方法与数据来源

一、研究方法

采用典型抽样法，在研究区选取水质监测点进行采样检测（彭佳宾等，

2020)[10]，依据均匀布点的原则，选取具有一定代表性的几个样地作为旅游活动对水境影响的监测样地，其测定结果反映不同水域水质受旅游干扰影响的程度。

水质监测参考 GB 3097—1997《海水水质标准》规定的方法（张哲宣等，2023)[11]，海水温度采用表层水温表法测定，盐度采用电导率法，pH 采用 pH 测定仪测定，溶解氧（DO）采用碘量滴定法，化学需氧量（COD）采用重铬酸盐法，活性磷酸盐（TP）采用磷钼蓝萃取分光光度法，总氮（TN）采用碱性过硫酸钾氧化法，硝酸盐氮（NO_3-N）采用离子选择电极法。

实验使用 Excel 软件进行数据处理；应用 SPSS18.0 对不同旅游干扰强度的采样区水体指标进行方差性及相关性分析。

二、数据来源

根据旅游干扰强度，本章选取马銮湾景区（M1）、金紫荆广场（J1）、庄园御海（J2）及领海国际（J3）四个采样区。依据东山岛旅游局提供信息：2017 年 7~8 月各区域酒店客房平均住房率（见表 3-1）以及在采样时统计的游客数（见表 3-2），确定 M1、J1、J2、J3 分别表示不同旅游干扰程度的采样区，其中 M1 表示重度旅游干扰区、J1 表示中度旅游干扰区、J2 表示轻度旅游干扰区、J3 表示较轻度旅游干扰区。2017 年 7 月 8~10 日对设置的采样区进行水质采样监测。

水质的监测：对上述四个采样区内水体进行横向布点测定水样，测定八个指标，分别是温度、盐度、pH、DO、COD、TP、TN、NO_3-N。每个采样区域为三个采样站，分两次采样。

表 3-1　2017 年 7~8 月东山岛采样区酒店客房数及平均住房率

采样区域	旅游干扰强度	酒店数（家）	房间数（间）	床位数（张）	平均住房率（%）
M1	重度旅游干扰	37	1155	2057	96
J1	中度旅游干扰	10	424	714	94

采样区域	旅游干扰强度	酒店数（家）	房间数（间）	床位数（张）	平均住房率（%）
J2	轻度旅游干扰	6	228	442	93
J3	较轻度旅游干扰	3	120	226	95

资料来源：东山县文体旅游局。

表 3-2　2017 年 7 月 8~10 日采样区游客人数分布

采样时间	采样区域	采样区面积（公顷）	采样区旅游人数（人）	旅游强度（人/公顷）
2017 年 7 月 8 日	M1	1.2	1520	1266
	J1	1.2	1068	890
	J2	1.2	786	655
	J3	1.2	222	185
2017 年 7 月 9 日	M1	1.2	1350	1125
	J1	1.2	702	585
	J2	1.2	510	425
	J3	1.2	183	152
2017 年 7 月 10 日	M1	1.2	1203	1002
	J1	1.2	650	541
	J2	1.2	420	350
	J3	1.2	156	130

第三节　水质状况评价

参考国家《海水水质标准》（GB 3097-1997）（见表 3-3），四个采样区域位于马銮湾和金銮湾海水浴场，人体直接接触的海水运动和娱乐区，按第二类海水分类。由图 3-1 和图 3-2 可知，在第二类海水分类监测指标平均值中，各采样区海水温度不超过当时当地4℃，在28.04℃~29.87℃；pH值在7.8~8.5范围内，且不超过该海域正常变动范围的0.2；溶解氧（DO）均大于5，在8.02~9.12范围内；COD≤3，在2.29~2.92范围内，以上指标均在国家第二类海水正常范围内，符合二类海水水质标准，水环境状况基本符合海水浴场的功能，旅游适宜性较高。

表3-3 国家第二类海水水质标准

海水水质标准	Temp（℃）	pH	DO（mg/L）	COD（mg/L）
第二类	人为造成的海水温升夏季不超过当时当地1℃，其他季节不超过2℃	7.8~8.5同时不超出该海域正常变动范围的0.2pH单位	>5	≤3

资料来源：国家《海水水质标准》（GB 3097—1997）。

第四节 旅游干扰对水质变化的影响

由图3-1、图3-2可知，四个采样区温度、盐度、pH基本接近，马銮湾采样区水的DO、COD、TP、TN、NO_3-N检测值均高于金銮湾采样区，且存在较大差异。DO、COD、TP、TN的变化趋势基本一致，即从重度干扰区M1到较轻度干扰区J3，各指标值逐渐减小。例如，DO值M1（9.12mg/L）、J1（8.09mg/L）、J2（8.04mg/L）、J3（8.02mg/L）。pH和NO_3-N未在干扰梯度上呈现规律性变化。采样区M1的pH值为8.03，而J1、J2、J3区的pH值分别是7.80、7.98、7.95；M1、J1、J2、J3区的NO_3-N值分别为0.91、0.53、0.55、0.45。方差分析表明，不同旅游干扰强度下，采样区海水DO、COD、TN有着极显著差异（$p<0.01$），TP有着显著差异（$p<0.05$），而盐度、pH、

NO_3-N 则没有显著差异（$p > 0.05$），说明旅游干扰强度对 DO、COD、TN 有极显著性影响，对 TP 有着显著性影响，对盐度、pH、NO_3-N 则没有显著性影响。

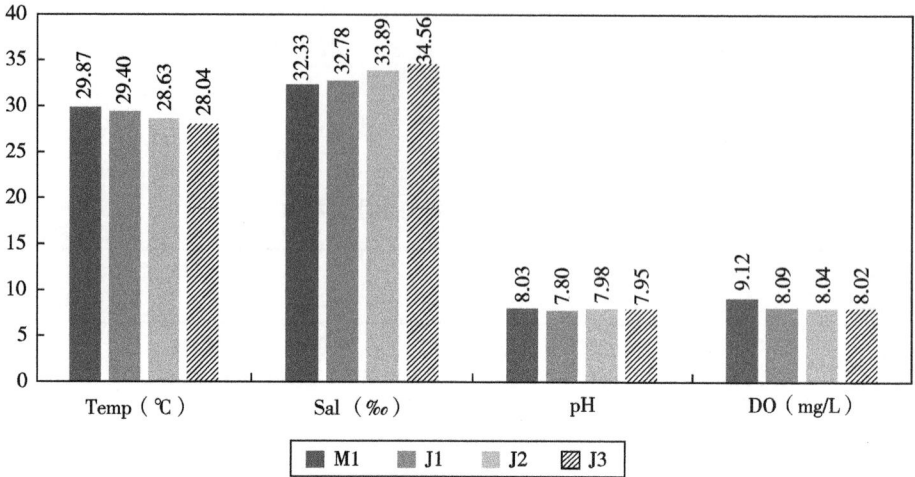

图 3-1 水质监测调查数值（一）

资料来源：笔者自行调查编制。

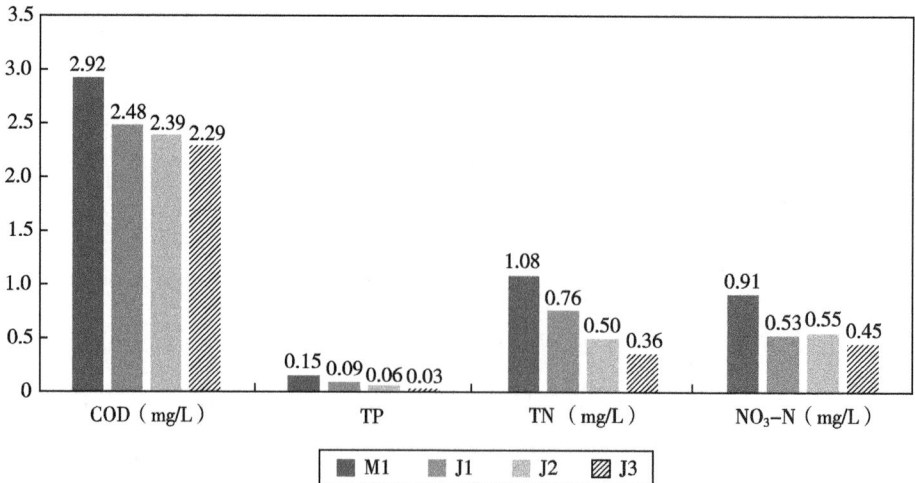

图 3-2 水质监测调查数值（二）

资料来源：笔者自行调查编制。

分析认为，游艇、摩托艇等动力艇排出的汽油和机油耗氧，会造成水体中 DO 减少。在外业调查中发现，可能由于重度干扰区 M1 所处的马銮湾景区为 AAAA 级景区，景区管理规定，不允许有快艇、摩托艇等动力艇的水上旅游项目运营，而在金銮湾三个采样区中有部分快艇、摩托艇在运营，故金銮湾三个样区的 DO 检测值低于马銮湾样区。酒店、餐饮等生活污水排放至海水里，会使水体受到有机物的污染。COD 越高，表示水中有机污染物越多，水体受到有机物的污染程度越严重。同样，TP、TN 含量对海水富营养化起着决定性作用，餐饮、住宿类旅游开发活动极易引起 TP、TN 检测值的增加，旅游活动产生的垃圾也是污染水质的因素之一。因此酒店、餐饮及游客密集分布的重度干扰区 M1 的 COD、TP、TN 检测值远远高于金銮湾三个样区。以上表明，各采样区域旅游开发强度等因素的不同，造成了不同旅游干扰区的水体所受冲击程度存在差异。

第五节　旅游干扰与水环境因子相关性分析

对游客人数与各采样区海水的盐度、pH、DO、COD、TP、TN、NO_3-N 做相关性检验（见表 3-4）。旅游人数与海水 TP、TN 两者的关系呈显著性（$p=0.036<0.05$，$p=0.049<0.05$），均为正相关关系，相关系数分别为 0.825 和 0.528。表明随游客人数的增加，海水的 TP、TN 值呈逐渐增加的趋势。旅游人数与海水盐度、pH、DO、COD、NO_3-N 的相关系数分别为 -0.688、0.134、0.506、-0.185、-0.389，相关程度较小，不显著（p 值均大于 0.05），表明随着游客人数的增加，海水盐度、pH、DO、COD、NO_3-N 的值变化不大。

表3-4 旅游干扰与水环境因子相关性分析

水指标	相关系数	显著性水平
海水盐度Sal（‰）	−0.688	0.084
pH	0.134	0.678
DO（mg/L）	0.506	0.094
COD（mg/L）	−0.185	0.565
TP（mg/L）	0.825*	0.036
TN（mg/L）	0.528*	0.049
NO_3-N（mg/L）	−0.389	0.071

注：*表示在0.05水平下显著。

第六节 结论与对策

一、结论

本章选取代表不同旅游干扰程度的四个采样区，设置重度旅游干扰区马銮湾采样区一个；金銮湾设置三个采样区，中度旅游干扰区金紫荆广场、轻度旅游干扰区庄园御海、较轻度旅游干扰区领海国际。采用典型抽样法，依据均匀布点的原则，于2017年7月8~10日对设置的采样区进行水监测，研究东山岛滨海旅游区水质受旅游干扰影响的程度。

由研究结果可知以下四点：

（1）在监测指标中，各采样区海水温度、pH、DO、COD等指标均在国家第二类海水正常范围内，符合二类海水水质标准，水环境状况基本符合海水浴场的功能，旅游适宜性较高。

（2）DO、COD、TP、TN 的变化趋势基本一致，即从重度干扰区到较轻度干扰区，各指标值逐渐减小。例如，DO 值 M1（9.12mg/L）、J1（8.09mg/L）、J2（8.04mg/L）、J3（8.02mg/L）。pH 和 NO_3-N 的变化趋势并未随着旅游干扰强度的变化而呈增加或减小的规律性变化。

（3）不同旅游干扰强度下，采样区海水的 DO、COD 和 TN 有着极显著差异（$p<0.01$），TP 有着显著差异（$p<0.05$），而盐度、pH、NO_3-N 则没有显著差异（$p>0.05$）。

（4）旅游人数与海水 TP、TN 两者关系呈显著性（$p<0.05$），均为正相关关系，随着游客人数的增加，海水的 TP、TN 值呈逐渐增加的趋势。旅游人数与海水盐度、pH、DO、COD、NO_3-N 相关程度较小，不显著（$p>0.05$），表明随着游客人数的增加，海水盐度、pH、DO、COD、NO_3-N 的值变化不大。

二、相关对策

针对如何降低旅游对东山岛滨海旅游区水环境的干扰，本章提出以下四条对策：

（1）管理和限制游客活动。通过管理和限制游客活动，可以减少游客活动对滨海旅游区水环境的影响。可以在沙滩地区设置禁止游泳、禁止吸烟、禁止野营等标识，以强调游客行为规范性。建立相关管理机构，专门负责游客行为管理，对游客进行引导、监督以及行为惩戒，降低游客对水环境的负面干扰。

（2）加强水环境的监测和评估。加强对滨海旅游区水环境的监测和评估工作，可以更全面和准确地了解水环境的变化趋势及影响因素。通过构建水环境监测网络及数据库，及时发现问题并加以解决，包括建立城市旅游区的水污染源排查、分类评估机制和地理信息系统平台，实现旅游区水环境的长期监测和分析，为监管者做出科学准确有效的决策提供基础支撑。

（3）推广环保教育，提高游客的环保意识。推广环保教育，提高游客的环保意识,是保护水环境的重要手段之一。可通过邮票、电子媒介、环保科普宣传板、微信公众号等渠道向游客普及环境教育知识,引导游客重视旅游对环境的影响。例如,在旅游区内设置环保宣传牌和标识,面向学校、游客开展环保宣传讲座,提高游客的环保意识,引导更多的游客变成环保的支持者和践行者。

(4)建立滨海旅游区水环境的综合评估指标体系。针对滨海旅游区水环境的特点,建立综合评估指标体系,对其生态环境及旅游环境进行评估,包括创建环境保护标志,推荐旅游区参与评估,制定较高的环保标准,不仅让旅游区在经济效益方面得到保障,同时也不会大量消耗自然资源,忽视水生态理念。同时运用生态足迹等方法,探究滨海旅游区的生态容纳能力,促进旅游区的可持续发展和生态保护。

参考文献

[1] 王兆峰,王金伟,王梓瑛,等.中国式现代化视域下旅游业高质量发展:理论内涵与科学议题 [J].旅游导刊,2023,7(1):1-18.

[2] 吕宁,黄迪,王欣,等.北京市冰雪运动产业与文化旅游产业融合发展动力机制与模式 [J].中国生态旅游,2021,11(6):846-857.

[3] 司正,方圆.浅析数字经济对我国旅游资源开发与利用的赋能作用 [J].世界经济探索,2023,12(1):27-35.

[4] 许闻璐,谢玲玲,王倩,等.科技创新与滨海旅游绿色发展耦合协调关系研究 [J].海洋开发与管理,2023,40(1):128-140.

[5] 张广海,刘二恋.中国沿海地区旅游绿色发展对生态环境质量的影响分析 [J].中国生态旅游,2022,12(5):788-800.

[6] 范成新,刘敏,王圣瑞,等.近 20 年来我国沉积物环境与污染控制研究进展与展望 [J].地球科学进展,2021,36(4):346-374.

[7] 翁宇斌,杨顺良,赵东波.超百年一遇强降雨对厦门岛沙滩影响研

究［J］．海洋开发与管理，2022，39（1）：82-87.

[8] 李杨帆，张倩，向枝远，等．基于生态系统服务的海洋空间开发适宜性评价方法及应用——以粤港澳大湾区伶仃洋为例［J］．自然资源学报，2022，37（4）：999-1009.

[9] 揭秋云，符国基．海南国际旅游岛旅游水环境现状调查与分析［J］．环境科学与管理，2011，36（6）：133-138.

[10] 彭佳宾，黄粤，刘铁，等．基于生态系统服务价值的博斯腾湖小湖湿地生态需水核算［J］．水生态学杂志，2020，41（5）：21-30.

[11] 张哲宣，厉子龙，叶虹，等．近岸海域水质污染因子空间特征和来源研究——以浙南瑞安市近岸海域为例［J］．浙江大学学报（理学版），2023，50（3）：332-345.

第四章　游憩干扰对东山岛旅游区
沙滩土壤环境的冲击

随着我国滨海旅游的快速发展，沙滩景区已成为滨海旅游活动的主要旅游目的地。但值得注意的是，旅游发展在提高当地经济水平的同时，也导致景区内出现土壤生态功能退化、植被破坏等生态问题，严重影响了景区的可持续发展（王维，2018）[1]。其中，土壤作为景区生态系统的重要组成部分，土壤状况的优劣对生态系统的稳定和环境健康状况有重要影响，能够影响植被的生长和演替，进而影响整个景区景观和生态系统的变化（李鹏等，2012；杨丽，2016）[2-3]。

近年来，福建沿海沙滩缩小，沙质粗化加剧，沙滩资源正遭到破坏且日益恶化（刘建辉和蔡锋，2009）[4]。福建省是中国的海洋大省之一，海岸带岸线总长为3486千米左右，其中砂质岸线占7.3%（李亮等，2017）[5]，其中一些海滩开发保护完全得当，但有的也正在逐渐退化，当前福建滨海海滩资源面临严重的挑战，受旅游开发与改造的影响，大量的海滩被侵蚀，沙滩缩小、砂粒粗化现象越发显著。

关于旅游扰动对环境产生不良影响这一问题的研究，最早始于20世纪20年代国外学者对加州红杉公园的调查，而我国是在20世纪90年代才开始研究。现有研究表明，旅游干扰对土壤水分、容重、孔隙度、有机质、养分等方面产生了重要影响（肖艳等，2016；邓雪倩和夏奇，2019；Ciarkowska，2018；Shi，2006）[6-9]。随着旅游干扰强度的增加，土壤容重、紧实度会逐渐增加，土壤的水分及有机物会不断减少（王雪超等，2021）[10]。然而这些研究主要关注景区土壤理化性质的一个或几个方面，研究相对笼统，不同环境指标之间的关联性不足。同时，研究视角主要集中在草原生态系统（王雪超等，2021；郝帅等，2021）[10-11]、森林生态系统（张瑾，2020；张奇志，2018）[12-13]等方面，缺乏旅游干扰对沙滩土壤生态环境影响方面的系统研究。因此，研究旅游干扰对滨海旅游区土壤环境的影响具有重要性和必要性。为了进一步评估不同旅游干扰强度对福建东山县旅游度假区土壤生态环境造成的影响，本章选取了四个代表不同旅游干扰程度的采样区，采用野外实地取样与实验室科学分析相结合的研究方法，利用 SPSS 软件对各个测量参数进行方差相关性分析，并使用皮尔逊相关系数评价土壤质量各指标与干扰强度之间的相关性，探索游憩活动对东山旅游度假区土壤环境的影响程度和规律，为东山滨海旅游区的发展管理提供一定的理论依据。

第一节 研究区域概况

东山县在福建省的南部沿海，中国台湾海峡的西岸，地理坐标为东经117°17′~117°35′、北纬23°33′~23°47′，在体量上是全国第六、福建省第二的海岛县，面积243.4平方千米。东山设有国家级旅游经济开发区和经济技术开发区，属于明显的亚热带海洋性季风气候，有记载的年平均气温约为21.5℃，根据数据统计，东山县平均每年约出现5次台风。受梅雨和台风的影响，每年的6~8月是东山暴雨天气出现的高峰期（张丽雪，2014）[14]，全岛的土壤多为沙土，林下植被稀少，土壤肥力低下，在竹林与木麻黄林地有少量草本植物，其他树林基本没有林下植被。东山岛东南沿岸有宫前湾、乌礁湾、马銮湾、金銮湾、屿南湾、澳角湾、南门湾七个海湾。延绵 30 余千米，优质沙滩环抱着清澈海水，是天然的海滨浴场与旅游胜地。2013 年，福建省东山县入选全国首批 12 个 "国家级海洋生态文明示范区"。根据 2016 年东山县统计局，2016 年东山县生产总值 173 亿元，增长 10.1%；一般公共预算总收入 18.36 亿元，增长 0.5%；地方一般公共预算收入 11.94 亿元，增长 5.6%；固定资产投资（不含农户）192.47 亿元，增长 20.2%；规模工业产值 293.63 亿元，现价增长 15.4%；规模工业增加值 81.34 亿元，现价增长 15%；第三产业增加值 58.19 亿元，增长 12.6%；农业总产值 62.3 亿元，增长 5.5%；外贸出口总值 16 亿美元，与去年持平；实际利用外资 6300 万美元，增长 10.9%；社会消费品零售总额 38.56 亿元，增长 11.5%；城镇居民人均可支配收入 30817 元，增长 9.5%；农村居民人均可支配收入 17647 元，增长 10%。

第二节 研究方法与数据来源

一、研究样地设置

根据游憩干扰强度，本章选取马銮湾（M1）、金紫荆广场（J1）、庄园御海（J2）及领海国际（J3）四个采样区，采样区域依据东山县文体旅游局和旅游资讯网提供的酒店数、2017 年 7～8 月的平均住房率（见表 4-1）及在采样时统计的游客数（见表 4-2），确定 M1、J1、J2、J3 分别表示不同旅游干扰程度的采样区，其中，M1 表示重度旅游干扰区；J1 表示中度旅游干扰区；J2 表示轻度旅游干扰区；J3 表示较轻度旅游干扰区。于 2017 年 7 月 8～10 日大潮汛期间对沙滩土壤进行采样。

表4-1　2017年7~8月东山岛采样区酒店客房数及平均住房率情况

研究区域	酒店数（家）	房间数（间）	床位数（张）	平均住房率（%）
马銮湾	37	1155	2057	96
金紫荆广场	10	424	714	94
庄园御海	6	228	442	93
领海国际	3	120	226	95

资料来源：笔者根据东山县文体旅游局和旅游资讯网自行编制。

表4-2　采样时统计的游客数

采样时间	采样区域	采样区旅游人数	采样区域面积（公顷）	强度（人/公顷）
2017年 7月8日	马銮湾	1520	1.2	1266
	金紫荆广场	1068	1.2	890
	庄园御海	786	1.2	655
	领海国际	222	1.2	185
2017年 7月9日	马銮湾	1350	1.2	1125
	金紫荆广场	702	1.2	585
	庄园御海	510	1.2	425
	领海国际	183	1.2	152
2017年 7月10日	马銮湾	1203	1.2	1002
	金紫荆广场	650	1.2	541
	庄园御海	420	1.2	350
	领海国际	156	1.2	130

资料来源：笔者根据东山县文体旅游局和旅游资讯网自行编制。

二、采样、检测及数据处理方法

根据游憩强度不同将取样点分为四个区域，每个区域的潮间带、潮上带各3个点，共计24个取样点，每个取样地点取0~20厘米地表测定土壤。滨海沙滩土壤全氮的测定采用凯氏法；氨氮采用氯化钾溶液提取分光光度法测定，亚硝酸盐氮和硝酸盐氮采用气相分子吸收光谱法测定；有效磷采用碳酸氢钠浸提法测定；有机碳采用总有机碳分析仪测定（曹丽娟，2015）[15]；重金属镉、铅、汞、铬采用王水—高氯酸消煮法提取，用原子吸收分光光度法测定；砷采用二乙基二硫氨基甲酸银比色法测定；铜采用 DDTC 比色法测定；土壤的粒径的测定采用比重计法（陈杨，2008）[16]。

实验数据使用 Excel 软件进行数据的处理；用 SPSS18.0 软件进行相关性方差分析，沙滩土壤因子的变化与旅游强度之间的相互关系采用相关性分析。

第三节　沙滩土壤环境分析

一、潮上带土壤因子分析

土壤单因子变化率用于确定各项因子相对于对照区的变化情况（秦远好等，2006）[17]。

$$R = \frac{P_i - P_o}{P_o} \times 100\% \tag{4-1}$$

式中，R 表示第 i 个指标的变化率；P_i 表示第 i 个指标的测定值；P_o 表示第 i 个指标的对照值。采样区 J3 滨海旅游活动人数相对较少，受到的干扰强度也相对较小，我们把采样区 J3 作为对照区。

由表4-3的方差分析表明，不同旅游干扰强度下，采样区潮上带土壤因子镉、铅、砷、铜、全氮、氨氮、亚硝酸盐氮、硝酸盐氮、有机碳有着极显著差异（P<0.01），汞、有效磷、电导率有着显著差异（P<0.05），而铬、镍、锌则没有显著性差异（P>0.05），说明旅游干扰强度对镉、铅、砷、铜、全氮、氨氮、亚硝酸盐氮、硝酸盐氮、有机碳有极显著性影响，对汞、有效磷、电导率有着显著性影响，对铬、镍、锌则没有显著性影响。

表4-4的土壤因子变化情况可以发现其中的在 M1、J1、J2 三个采样区的

土壤全氮含量相对于其对照点 J3 减少了 78.33、49.67、6.33。而氨氮含量却增加不少，在 M1、J1、J2 的土壤氨氮含量相对于其对照点 J3 增加了 1.44、0.95、0.95。亚硝酸盐氮和硝酸盐氮含量变化在原有基础的 20% 左右，而且相对于对照点的变化基本没有规律性和相关性，变化基本不大。通过对整体的对比发现氮元素含量变化甚大，随着旅游活动强度的增大土壤因子的氮元素含量而减少。M1 采样区的土壤有效磷含量相对于其对照点 J3 少了 1.24，J1 和 J2 两个采样区的土壤有效磷含量相对于其对照点 J3 增加了 5.54、3.99。在 M1 采样区的土壤有机碳含量相对于其对照点 J3 没有变化，J1 和 J2 两个采样区的土壤有机碳含量相对于其对照点 J3 少了 0.06、0.09。采样区 M1、J1、J2 重金属镉元素含量相对于对照区均无变化；重金属铅和汞元素的含量变化基本无规律，变化也不大；采样 M1、J1 和 J2 区砷元素含量相对于对照区增加了 0.82、1.21、0.59，呈递增规律；采样 M1、J1 和 J2 区铜元素含量相对于对照区分别增加了 1.00，减少了 0.67、0.67。

表 4-3　方差分析

项目	t	自由度	检验值=0		差值 95% 置信区间	
			显著性（双尾）	平均值差值	下限	上限
粒径平均值	8.295	3	0.004	333.74650	205.7053	461.7877
镉	15.000	3	0.001	0.01250	0.0098	0.0152
铅	12.404	3	0.001	6.90000	5.1297	8.6703
汞	5.068	3	0.015	0.00417	0.0016	0.0068
铬	3.136	3	0.052	23.00000	−0.3420	46.3420
砷	12.050	3	0.001	3.06667	2.2567	3.8766
镍	1.681	3	0.191	1.41667	−1.2661	4.0995
铜	6.560	3	0.007	2.58333	1.3300	3.8366
锌	3.107	2	0.053	14.61667	−0.3535	29.5869
全氮	11.017	3	0.002	204.41667	145.3651	263.4683
氨氮	9.943	3	0.002	3.00500	2.0432	3.9668
亚硝酸盐氮	13.034	3	0.001	0.48167	0.3641	0.5993
硝酸盐氮	16.906	3	0.000	1.00583	0.8165	1.1952

续表

项目	t	自由度	检验值＝0		差值95%置信区间	
			显著性（双尾）	平均值差值	下限	上限
有效磷	5.436	3	0.012	8.73250	3.6201	13.8449
电导率	5.434	3	0.012	95.31667	39.4985	151.1349
有机碳	7.081	3	0.006	0.16250	0.0895	0.2355

表4-4　潮上带各区土壤因子变化情况　　　单位：mg/kg

取样点	M1	J1	J2	J3
镉	0.01	0.01	0.01	0.01
铅	8.53	6.50	6.03	6.53
汞	0.00	0.01	0.00	0.00
铬	25.00	15.33	9.00	42.67
砷	3.23	3.62	3.00	2.41
镍	3.33	0.00	0.00	2.33
铜	3.67	2.00	2.00	2.67
锌	28.63	11.33	8.67	9.83
全氮	159.67	188.33	231.67	238.00
氨氮	3.61	3.12	3.12	2.17
亚硝酸盐氮	0.52	0.56	0.39	0.46
硝酸盐氮	0.88	1.15	1.05	0.94
有效磷	5.42	12.20	10.65	6.66
有机碳（%）	0.20	0.14	0.11	0.20

二、潮间带土壤因子分析

采样区 J3 滨海旅游活动人数相对较少，受到的干扰强度也相对较小，我们把采样区 J3 作为对照区。

由表4-5 的方差分析表明，不同旅游干扰强度下，采样区潮间带土壤因子镉、铅、铬、砷、全氮、氨氮、亚硝酸盐氮、硝酸盐氮、有效磷、电导率、有机碳有着极显著差异（P<0.01），汞、铜有着显著差异（P<0.05），而镍则没有显著性差异（P>0.05），说明旅游干扰强度对镉、铅、铬、砷、全氮、氨氮、亚硝酸盐氮、硝酸盐氮、有效磷、电导率、有机碳有极显著性影响，对汞、铜有着显著性影响，对镍则没有显著性影响。

其中在 M1、J1 两个个采样区的土壤全氮含量相对于其对照点 J3 增加了78.33、42.67，而 J2 全氮含量却减少了 49.00。在 M1、J1 的土壤氨氮含量相对于其对照点 J3 减少了 0.47、0.87，J2 区氨氮的含量仅增加了 0.01。亚硝酸盐氮和硝酸盐氮含量变化在 20% 左右，而且相对于对照点的变化基本没有规律性和相关性，变化基本不大。M1 采样区的土壤有效磷含量相对于其对照点 J3少了 2.45，J1 和 J2 两个采样区的土壤有效磷含量相对于其对照点 J3 增加了2.6、3.57。在 M1、J1 和 J2 采样区的土壤有机碳含量相对于其对照点 J3 增加了 0.05、0.10、0.03。采样区 M1、J1 和 J2 重金属镉、汞元素含量相对于对照区无明显变化。采样区 M1、J1 铅元素含量相对于对照区减少了 1.33、0.06，J2 铅元素增加了 0.10。3 个采样 M1、J1 和 J2 区铬元素含量相对于对照区减少了 15.67、3.67、7.00。采样 M1、J1 和 J2 区砷元素含量相对于对照区增加了0.09、0.31、0.77。采样 M1 铜元素含量相对于对照区无变化，采样 J1 和 J2区铜元素含量相对于对照区增加了 0.67、2.33。采样 M1、J2 锌元素含量相对于对照区 J3 分别减少了 3.67、1.00，而 J1 区锌元素增加了 0.26。

表 4-5　方差分析

指标	t	自由度	检验值=0		差值95%置信区间	
			显著性（双尾）	平均值差值	下限	上限
粒径平均值	8.672	3	0.003	323.17508	204.5813	441.7689
镉	9.000	3	0.003	0.00750	0.0048	0.0102
铅	14.824	3	0.001	5.00833	3.9331	6.0835
汞	4.187	3	0.025	0.00542	0.0013	0.0095
铬	15.555	3	0.001	52.08333	41.4278	62.7389
砷	18.893	3	0.000	3.09417	2.5730	3.6154

续表

指标	t	自由度	检验值＝0		差值95%置信区间	
			显著性（双尾）	平均值差值	下限	上限
镍	2.609	3	0.080	4.33333	−0.9530	9.6197
铜	4.994	3	0.015	2.75000	0.9975	4.5025
锌	11.211	3	0.002	10.06667	7.2090	12.9243
全氮	6.186	3	0.009	170.00000	82.5476	257.4524
氨氮	14.281	3	0.001	2.99833	2.3302	3.6665
亚硝酸盐氮	10.729	3	0.002	0.30917	0.2175	0.4009
硝酸盐氮	25.382	3	0.000	1.03333	0.9038	1.1629
有效磷	8.745	3	0.003	11.86083	7.5444	16.1773
电导率	11.714	3	0.001	2178.33333	1586.5146	2770.1521
有机碳	6.159	3	0.009	0.12583	0.0608	0.1908

表4-6　潮间带各区土壤因子含量变化情况　　　　单位：mg/kg

取样点　　　　　　指标	M1	J1	J2	J3
镉	0.01	0.01	0.01	0.01
铅	4.00	5.27	5.43	5.33
汞	0.01	0.00	0.01	0.01
铬	43.00	55.00	51.67	58.67
砷	2.97	3.09	3.55	2.78
镍	0.00	6.00	7.67	3.67
铜	2.00	2.67	4.33	2.00
锌	7.50	11.43	10.17	11.17
全氮	230.33	194.67	103.00	152.00
氨氮	2.86	2.46	3.34	3.33
亚硝酸盐氮	0.39	0.30	0.30	0.25
硝酸盐氮	0.97	1.06	0.96	1.14
有效磷	8.48	13.53	14.50	10.93
有机碳（%）	0.13	0.18	0.11	0.08

第四节　游憩强度与沙滩土壤因子的相关性分析

一、游憩强度与潮上带沙滩土壤因子的相关性分析

由使用 SPSS 软件对潮上带沙滩土壤因子数据进行分析获得的结果（见表 4-7）可知：游憩强度对潮上带土壤的铅含量、铜含量等有显著性影响（$p < 0.05$），呈正相关关系；游憩强度对潮上带土壤的硝酸盐氮含量有显著性影响（$p < 0.05$），呈负相关关系；游憩强度对潮上带土壤的锌含量有极显著性影响（$p < 0.01$），呈正相关关系。游憩强度对潮上带土壤的镉、汞、铬、砷、镍、全氮、氨氮、亚硝酸盐氮、有效磷、有机碳含量无显著性影响（$p > 0.05$）。

表 4-7　游憩强度与潮上带土壤因子相关性分析

项目	皮尔逊相关性	显著性（双尾）	平方与叉积的和	协方差	个案数
镉	0.037	0.909	0.794	0.072	12
铅	0.605 *	0.037	1874.387	170.399	12
汞	−0.288	0.365	−1.997	−0.182	12
铬	0.013	0.969	379.386	34.490	12
砷	0.027	0.933	24.098	2.191	12
镍	0.391	0.209	2204.227	200.384	12
铜	0.633 *	0.027	1053.899	95.809	12
锌	0.767 **	0.004	15025.627	1365.966	12
全氮	−0.377	0.227	−31995.305	−2908.664	12
氨氮	0.314	0.319	468.905	42.628	12
亚硝酸盐氮	−0.085	0.792	−28.368	−2.579	12
硝酸盐氮	−0.616 *	0.033	−157.945	−14.359	12

续表

项目	皮尔逊相关性	显著性（双尾）	平方与叉积的和	协方差	个案数
有效磷	−0.451	0.141	−2634.401	−239.491	12
有机碳	−0.026	0.935	−5.341	−0.486	12

注：*表示在 0.05 的水平下显著；**表示在 0.01 的水平下极其显著。

二、游憩强度与潮间带沙滩土壤因子的相关性分析

由使用 SPSS 软件对潮间带沙滩土壤因子数据进行分析获得的结果（见表 4-8）可知：游憩强度对东山滨海旅游区潮间带土壤的铅含量、锌含量有显著性影响（$p < 0.05$），呈负相关关系。游憩强度对潮间带土壤的镉、汞、铬、铜、砷、镍、全氮、氨氮、硝酸盐氮、亚硝酸盐氮、有效磷、有机碳含量无显著性影响（$p > 0.05$）。

表 4-8　游憩强度与潮间带土壤因子相关性分析

项目	皮尔逊相关性	显著性（双尾）	平方与叉积的和	协方差	个案数
镉	0.187	0.560	3.023	0.275	12
铅	−0.586*	0.045	−1062.442	−96.586	12
汞	−0.331	0.294	−1.895	−0.172	12
铬	−0.395	0.204	−6928.417	−629.856	12
砷	−0.201	0.530	−161.831	−14.712	12
镍	−0.364	0.245	−2238.667	−203.515	12
铜	−0.196	0.542	−713.750	−64.886	12
锌	−0.609*	0.036	−2030.433	−184.585	12
全氮	0.485	0.110	54387.000	4944.273	12
氨氮	−0.568	0.054	−697.792	−63.436	12
亚硝酸盐氮	0.390	0.210	75.814	6.892	12
硝酸盐氮	−0.372	0.233	−159.627	−14.512	12
有效磷	−0.436	0.156	−1869.384	−169.944	12
有机碳	0.472	0.121	45.241	4.113	12

注：*表示在 0.05 的水平下显著。

第五节　结论与对策

一、结论

　　游憩强度对东山滨海旅游区潮上带土壤的铅含量、铜含量等有显著性影响（p<0.05），呈正相关关系，随着实验地区游憩强度的增强，潮上带沙滩土壤中的铅含量、铜含量均呈上升趋势。游憩强度对东山滨海旅游区潮上带土壤的硝酸盐氮含量有显著性影响（p<0.05），呈负相关关系，随着游憩强度的增强，东山滨海旅游区潮上带土壤的硝酸盐氮含量呈下降趋势。游憩强度对东山滨海旅游区潮上带土壤的锌含量有极显著性影响（p<0.01），呈正相关关系，随着游憩强度的增强，东山滨海旅游区潮上带土壤中的锌含量随之上升。游憩强度对东山滨海旅游区潮间带土壤的铅含量、锌含量有显著性影响（p<0.05），呈负相关关系，随着游憩强度的增强，东山滨海旅游区潮间带土壤中的铅、锌含量随之下降。

　　通过对东山滨海旅游区沙滩土壤环境对游憩活动响应的研究发现，由于潮汐冲刷的作用，潮间带与潮上带的土壤因子在对游憩强度冲击响应的程度与方式上有着较大区别。

　　游客遗弃的垃圾还有排泄物进入土壤，将导致土壤的物理性质和pH值发生变化，微生物的活力下降。人和动物踩踏形式多样，如单侧断面、双侧断面、短链型、单侧链型、十字节型、双链型等。随着踩踏强度的增加，土壤硬度、容重、pH值呈上升趋势；土壤表层腐殖质层厚度、土壤TN、土壤TS、土壤TP，有效磷、有机质、含水量以及碳、氮、磷循环相关的土壤呼吸量和生化酶活性呈下降趋势。在沙滩少有植物固氮情况下，潮上带沙滩土壤中硝酸盐氮含量因为游憩活动冲击而减少。同时，沙滩中部分重金属含量指标，如铅、铜等，与游憩强度的响应，存在着显著的正相关性。

二、相关对策

（1）对游憩活动进行常态性调查评估及时发现问题：未来可以通过对游憩活动进行常态性调查评估及时发现问题，例如，通过定期测量土壤质量、空气质量、水文条件等，及时发现异常情况并采取相应措施。

（2）控制旅游高峰期游客数量：为了控制旅游高峰期游客数量，可以采取一些措施，例如，限制每日游客接待量、推行预约制度等。

（3）开展户外环境教育：普及户外环境教育，可以提高游客环保意识，减少对景区环境的破坏。

（4）开发新旅游景点以分散客流：通过开发新旅游景点以分散客流，可以降低某个景点的拥挤程度，提高游客的游览体验。

（5）加强对风景区内商业经营者的管理：加强对风景区内商业经营者的管理，可以防止商业污染对景区环境的影响。

参考文献

［1］王维.长江经济带旅游—经济—生态环境协调发展评价及其影响因素研究［J］.首都师范大学学报（自然科学版），2018，39（5）：81-88.

［2］李鹏，濮励杰，章锦河.旅游活动对土壤环境影响的国内研究进展［J］.地理科学进展，2012，31（8）：1097-1105.

［3］杨丽.旅游活动下罗浮山格木种群和土壤性质的变化［J］.西南农业学报，2016，29（7）：1672-1677.

［4］刘建辉，蔡锋.福建旅游沙滩现状及开发前景［J］.海洋开发与管理，2009，26（11）：78-83.

［5］李亮，田福金，郭建明.近30年福建省海岸线变迁遥感解译分析［J］.地质论评，2017，63（S1）：360-362.

［6］肖艳，林华，陈其兵，等．游憩活动对王朗自然保护区土壤环境的影响［J］．成都大学学报（自然科学版），2016，35（3）：289-295.

［7］邓雪倩，夏奇．践踏胁迫对低山丘陵地带森林公园土壤环境的影响［J］．长春工业大学学报，2019，40（3）：228-233.

［8］Ciarkowska K. Assessment of Heavy Metal Pollution Risks and Enzyme Activity of Meadow Soils in Urban Area under Tourism Load：A Case Study from Zakopane（Poland）［J］.Environmental Science and Pollution Research，2018，25：13709-13718.

［9］Shi Qiang. The Impact of Tourism on Soils in Zhangjiajie World Geopark［J］.Journal of Forestry Research，2006，17（2）：167-170.

［10］王雪超，刘艳萍，高永，等．旅游扰动对草原植被及土壤的影响［J］.草原与草坪，2021，41（6）：127-131+138.

［11］郝帅，郑伟，朱亚琼，等．旅游干扰和海拔梯度对山地草甸植物叶片与土壤化学计量特征的影响［J］.草业科学，2021，38（3）：453-467.

［12］张瑾．旅游干扰对重庆市黄水国家森林公园枯落物及土壤蓄水能力的影响［J］.水土保持通报，2020，40（6）：29-35.

［13］张奇志．旅游干扰对南湾国家森林公园土壤和空气质量的影响［J］.西部林业科学，2018，47（2）：112-116.

［14］张丽雪．福建省东山岛游客旅游气候偏好实证研究［D］.福州：福建师范大学，2014.

［15］曹丽娟．旅游干扰对河南云台山风景区土壤质量的影响［J］.水土保持研究，2015，22（4）：67-71.

［16］陈杨．旅游环境影响效应研究与景区间影响程度比较——以共青森林公园、东平国家森林公园和天使海滩度假村为例［D］.上海：上海师范大学，2008.

［17］秦远好，谢德体，魏朝富，等．土壤生态环境对游憩活动冲击的响应研究［J］.水土保持学报，2006，20（3）：61-65.

第五章　基于土地利用变化的滨海旅游村镇生态系统服务价值研究

——以东山岛为例

作为国际生态系统可持续的研究热点，生态系统服务这个概念产生于 20 世纪 70 年代（Westman，1977）[1]，1997 年，Costanza 等提出 ESV 评估模型[2]。

生命生存环境的养分循环都要靠生态系统来维持，包括我们生存与发展所需要的各种资源，为解决日益严峻的生态问题，在倡导生态环境保护的背景下，对生态系统进行定量评价已日益引起人们的关注，通过对其进行评价和分析，能够从经济学上对其提供的各种服务进行定量分析，对如何处理生态环境保护和社会经济高速发展之间的关系具有重大意义（秦晓川和付碧宏，2020）[3]。目前常用的生态价值核算方法有功能价值法，土地利用、土地覆盖变化和当量因子法，由于功能价值法计算过程过于烦琐，数据杂乱，土地利用、土地覆盖变化更偏向区域格局，因此选择当量因子法（曾晨等，2022）[4]。当量因子法含有规范的体系，在计算上较为简便。

土地是人类赖以生存和发展的基础，是自然生态系统的载体（Pinuji 等，2023）[5]。在不同的土地使用方式下，不同的土地会对生态系统服务产生不同的影响，土地使用形式的变化可能直接或间接影响生态系统服务的提供，以此带来生态系统服务价值的改变（王静等，2022）[6]。不合理的土地使用方式对生态环境的损害更加严重，进而会造成生态系统服务的下降、生存环境加剧恶化，给可持续发展带来巨大危机，尤其是在人地活动频繁、土地利用面积变化大的东部沿海，随着城市建设规模的不断扩大，土地利用的空间格局也在不断改变，从而对土地利用的内在功能造成巨大的冲击。因此，定量评估土地利用变化对生态系统服务价值的影响，对于促进土地的可持续利用和改善生态系统服务功能具有非凡的意义。

滨海旅游现如今已经成为世界上最常见的休闲娱乐方式之一，滨海旅游业是世界海洋经济中增长最快的行业。现有对滨海旅游的研究主要集中在滨海旅游资源（Vassallo等，2009；丁偌楠和王玉梅，2017）[7-8]、滨海旅游开发（Chen，2019；寻晨曦等，2019）[9-10]、环境影响（Koval等，2019；周申蓓等，2022）[11-12] 和经济影响（彭建等，2021；郑晓豪等，2023）[13-14] 四个方面。与其他行业相比，滨海旅游业受自然环境和基础设施等因素的制约程度较高。目前，随着滨海旅游业的发展，滨海旅游环境也面临着许多危机，包括气候变化、海水酸化、海洋栖息地破坏、滨海旅游的过分开发等，对滨海旅游城市原本的资源环境和社会文化造成了巨大影响（李淑娟和高琳，2020）[15]。部分学者认为，旅游开发活动会对滨海旅游生态系统服务价值造成负面影响（Bajocco等，2012；Saha等，2021；李冬杰等，2019）[16-18]，主要是旅游区土地利用类型不合理，未体现"生态旅游"的内涵。

本章以中国福建省东山岛滨海旅游区的九村一镇为研究案例地，探究东山岛滨海旅游区村镇土地利用变化与生态服务价值的关系，以制定合理的土地利用规划，正确把握旅游村镇的开发规模和强度，为东山岛滨海旅游村镇生态系统的可持续发展提供理论依据。

第一节　研究区域概况

东山岛滨海旅游区九村一镇分别是东沈村、冬古村、湖尾村、康美村、马銮村、美山村、南埔村、梧龙村、铜钵村、铜陵镇（见图 5-1），位于中国福建省东南部沿海，中国台湾海峡西岸，地处东经 117°17′ ~ 117°35′、北纬 23°33′ ~ 23°47′，属于亚热带海洋性气候，终年无霜冻。东山岛海湾辽阔，沙滩平缓，绿树成荫，极具南国滨海风光特色，是福建省著名的风景名胜区之一。随着东山岛旅游业的快速发展，其生态系统产生了脆弱变化，易受海风海水侵蚀。填海造田破坏了生态资源，违章项目的建设使海岸线受到损坏，生物多样性减少。

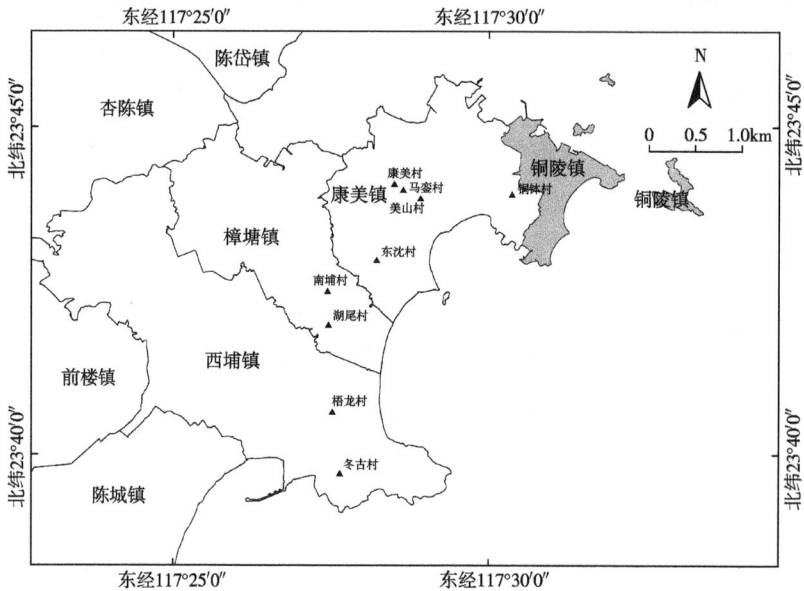

图 5-1　东山岛九村一镇位置分布示意图

第二节　数据来源与研究方法

一、数据来源

本章所采用的数据主要包括以下两个方面：

（1）土地利用类型来源于 2009 年、2014 年和 2019 年三个时期土地利用遥感监测数据，基于 Landsat OLI/ETM 影像数据（空间分辨率为 30 米×30 米）和 Google Earth 影像数据解译获得，利用 ArcGIS 软件按照《全国遥感监测土地利用/覆盖分类体系》的标准进行分类，将滨海旅游区的土地分为耕地、林地、草地、园地、水域、滩涂、建设用地、未利用地、设施农用地 9 类。

（2）社会经济数据来源于《东山县统计年鉴》，粮食单价数据来源于《中国农产品价格调查年鉴》。

二、研究方法

（一）旅游村镇土地利用变化分析

一般用单一土地利用动态度来表示土地利用类型的变化幅度，该动态度可用于评估某一时期土地利用方式具体的变化情况（倪维秋等，2022）[19]，其公式为：

$$K = \frac{U_b - U_a}{U_a} \times \frac{1}{T} \times 100\% \qquad (5\text{-}1)$$

在式（5-1）中，K 表示在调查期间的某种类型的用地变化情况；U_a 表示在调查开始阶段某种类型用地的面积；U_b 表示在调查结束阶段某种类型用地的面积；T 表示调查期间长度。

（二）生态服务价值系数修正与价值计算

单位面积价值当量因子法是指 1 公顷全国平均产量的农田每年自然粮食产量的经济价值（张丽琴等，2018）[20]。参照《中国农产品价格调查年鉴》和《东山县统计年鉴》，本章以 2019 年当地农产品收购价为基准，计算东山县农作物的经济价值，具体的计算公式为：

$$E_a = \frac{1}{7} \sum_{i=1}^{n} \frac{a_i p_i q_i}{A} \qquad (5\text{-}2)$$

在式（5-2）中，E_a 表示东山县单位当量因子的生态系统服务价值量（元/公顷）；i 表示东山县农作物类型；P_i 表示 2019 年东山县第 i 种农产品的平均价格（元/千克）；q_i 表示东山县第 i 种农作物的单位面积产量（千克/公顷）；a_i 表示东山县第 i 种农作物总的种植面积（公顷）；A 表示东山县所有农作物的种植面积之和（公顷）；1∶7 是指在不考虑人类活动的前提下，自然生态系统本身自带的经济价值与现有单位面积农田提供的食物生产服务价值之比，该比值衡量了无人为干预下的自然生态系统和农田的生产能力差异。结合《东山县统计年鉴》可以得出东山县 2009~2019 年的平均粮食产量为 6067.50 千克/公顷，粮食单价以 2019 年福建省的平均价格 4.08 元/千克，则根据公式（5-2）可以得出：在不考虑人类活动的前提下，自然粮食生态系统提供的经济价值与有人力参与的现有单位面积农田提供的食物生产服务经济价值之比为 1∶7，则东山县农田的自然粮食产量的经济价值约为 3536 元/公顷。

根据谢高地等（2008）[21] 提出的"中国生态系统服务价值当量因子表"，以及由式（5-2）得到的经济价值 3536 元/公顷，可得东山岛 2009~2019 年的生态系统服务价值当量表（见表5-1）。

（三）生态系统服务价值系数修正

生态系统服务价值评估模型如下：

$$ESV = \sum (A_i \times VC_i) \tag{5-3}$$

$$ESV_f = \sum (A_i \times VC_{fi}) \tag{5-4}$$

表5-1 东山岛滨海旅游村镇生态系统服务价值当量因子表

单位：元/公顷

一级类型	二级类型	森林	草地	农田	湿地	水域	荒地
供给服务	食物生产	1166.88	1520.48	3536.00	1272.96	1874.08	70.72
	原材料生产	10537.28	1272.96	1379.04	848.64	1237.60	141.44
调节服务	气体调节	15275.52	5304.00	2545.92	8521.76	1803.36	212.16
	气候调节	14391.52	5516.16	3429.92	47912.80	7284.16	459.68
	水文调节	14462.24	5374.72	2722.72	47523.84	66370.72	247.52
	废物处理	6081.92	4667.52	4915.04	50918.40	52509.60	919.36

续表

一级类型	二级类型	森林	草地	农田	湿地	水域	荒地
支持服务	保持土壤	14214.72	7920.64	5197.92	7036.64	1449.76	601.12
	维持生物多样性	15947.36	6612.32	3606.72	13047.84	12128.48	1414.40
文化服务	提供美学景观	7354.88	3076.32	601.12	16583.84	15699.84	848.64
	合计	99432.32	41265.12	27934.40	193666.72	160357.60	4915.04

在式（5-3）中，ESV 表示总的生态系统服务价值，A_i 表示研究区的第 i 类用地的面积，VC_i 是第 i 类土地的生态价值当量。在式（5-4）中，ESV_f 表示 f 种用地的生态系统的效用值，VC_{fi} 表示第 i 类土地第 f 种生态服务功能的生态功能效用值。滨海旅游区的九类土地的当量因子按照下列方式对应：林地对应森林，草地对应草地，耕地、设施农用地对应农田，园地取森林和草地的平均值，滩涂对应湿地，水域对应湖泊、河流，未利用地、建设用地对应荒地。

第三节　东山岛滨海旅游村镇土地利用变化分析

一、土地利用面积变化分析

从东山岛 2009~2019 年土地利用面积总体情况（见表5-2）来看，除水域保持不变、建设用地草地呈现正增长外，其余土地类型均呈现负增长。其中建设用地急剧增加，由 2009 年的 1331.18 公顷扩张到 2019 年的 1671.87 公顷，增加了 340.69 公顷，占变化量的 48.72%，接近一半。占地面积减少最多的是园地，由 735.65 公顷到 583.58 公顷，减少了 152.07 公顷，占变化量的21.75%；其次为林地，共减少81.10公顷，占变化量的11.60%；再次是设施农用地，共计减少65.67公顷，占变化量的9.39%；最后是耕地，共减少了

36.12 公顷，占变化量的 5.17%。其余土地类型面积变化小，如沿海滩涂十年间共减少了 0.54 公顷，占变化量的 0.08%。由表 5-2 可知，2009~2019 年这十年间东山岛滨海旅游村镇土地开发主要增加了用于建设旅游基础设施（包括交通设施、港口码头等）的建设用地，主要占用了园地和林地。

表 5-2　2009~2019 年东山滨海旅游村镇土地利用类型面积变化

土地类型	2009 年		2014 年		2019 年		2009~2019 年变化量		
	面积（公顷）	占比（%）	面积（公顷）	占比（%）	面积（公顷）	占比（%）	面积（公顷）	占比（%）	动态度
耕地	436.24	11.29	408.12	10.56	400.12	10.34	-36.12	-5.17	-0.83
园地	735.65	19.04	601.68	15.57	583.58	15.08	-152.07	-21.75	-2.07
林地	825.97	21.37	766.63	19.84	744.87	19.24	-81.10	-11.60	-0.98
草地	38.83	1.00	45.64	1.18	47.80	1.23	8.97	1.28	2.31
设施农用地	338.62	8.76	279.83	7.24	272.95	7.05	-65.67	-9.39	-1.94
建设用地	1331.18	34.45	1611.77	41.71	1671.87	43.19	340.69	48.72	2.56
水域	8.90	0.23	8.90	0.23	8.90	0.23	0.00	0.00	0.00
滩涂	2.35	0.06	2.35	0.06	1.81	0.05	-0.54	-0.08	-2.30
未利用地	146.82	3.80	139.59	3.61	138.82	3.59	-8.00	-1.14	-0.54
合计	3864.56	100.00	3864.51	100.00	3870.72	100.00	6.16	0.88	0.02

二、土地利用变化动态度分析

根据公式（5-1）计算得出在 2009~2019 年东山岛九村一镇的土地利用变化动态度（见表 5-2）。从土地利用动态度增长来看，由于人类活动强度的增加，首先是建设用地的动态度最高，土地利用动态度呈 2.56 增长。其次是草地，为 2.31。其他种类的土地使用活动性均呈现下降趋势，除水体保持平衡外，滩涂用地绝对值仅次于建设用地和草地，为 -2.30，园地为 -2.07，设施农用地为 -1.94，林地动态度为 -0.98，耕地动态度为 -0.83，未利用地动态度为 -0.54。

第四节　东山岛滨海旅游村镇生态系统服务价值

一、东山岛滨海旅游村镇生态系统服务价值总量变化分析

如图5-2所示，东山岛滨海旅游村镇2009年、2014年和2019年的生态系统服务价值分别为16627.43万元、15014.63万元、14656.98万元。整体上呈现出逐年减少的趋势，2009~2014年减少了1612.80万元，2014~2019年减少了357.65万元。十年间东山岛滨海旅游村镇的生态系统服务总价值共减少了1970.45万元，减少率为11.85%。

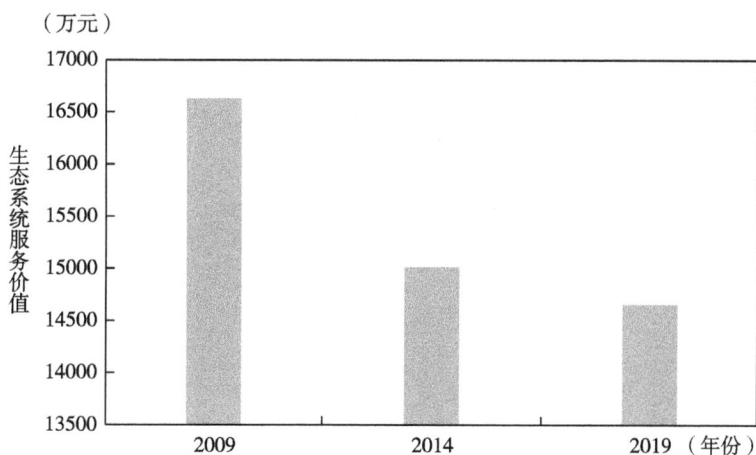

图5-2　2009年、2014年、2019年东山岛滨海旅游村镇生态系统服务价值总量变化

资料来源：笔者自行调查编制。

二、不同土地利用类型的生态系统服务价值变化

2009~2019年东山岛滨海旅游村镇土地利用类型结构的变化对研究区生态系

统服务总价值的影响如表 5-3 所示，从表 5-3 中可以看出，按照价值变化从小到大依次是湿地、水体、草地、荒漠、农田、森林。从单位面积生态系统服务价值当量（见表 5-1）来看，湿地（193666.72 元/公顷）和水体（160357.60 元/公顷）是最大的，森林（99432.32 元/公顷）、草地（41265.12 元/公顷）、农田（27934.40 元/公顷）紧随其后，其中荒漠排在最末尾，仅有 4915.04 元/公顷，湿地的 ESV 是荒漠的 39 倍，水域的 ESV 是荒漠的 33 倍，森林的 ESV 是荒漠的 20 倍，但在对比不同土地类型的生态系统服务价值中可以看出：森林>农田>荒漠>草地>水体>湿地。水体、湿地由于所占面积太少，排于后位，而单位面积生态系统服务价值当量垫底的荒漠一跃而上，占据中游地位，且占比由 2009 年的 4.37% 上升到 2014 年的 5.73%，再到 2019 年的 6.07%，其原因就是建设用地和未利用地扩张面积逐年增加。

表 5-3　2009~2019 年东山岛滨海旅游村镇土地类型生态系统服务价值

地类	2009 年		2014 年		2019 年	
	ESV（万元）	比例（%）	ESV（万元）	比例（%）	ESV（万元）	比例（%）
森林	8212.81	49.39	7622.78	50.77	7406.41	50.53
草地	160.23	0.96	188.33	1.25	197.24	1.35
农田	7339.72	44.14	6154.49	40.99	5985.60	40.84
湿地	45.51	0.27	45.51	0.30	35.05	0.24
水体	142.72	0.86	142.72	0.95	142.72	0.97
荒漠	726.44	4.37	860.80	5.73	889.96	6.07
合计	16627.43	100.00	15014.63	100.00	14656.98	100.00

三、东山岛滨海旅游村镇生态系统单项服务价值变化

通过计算得出 2009 年、2014 年和 2019 年各单项生态服务价值量以及占比情况（见表 5-4）。从表 5-4 中我们可以看到，食物生产由 2009 年的 487.54 万元到 2019 年的 425.30 万元，十年间减少了 62.24 万元；原材料生产由 2009 年的 1438.76 万元到 2019 年的 1255.27 万元，十年间减少了 183.49 万元；气

体调节由 2009 年的 2271.51 万元到 2019 年的 1976.59 万元，十年间减少了 294.92 万元；气候调节由 2009 年的 2293.82 万元到 2019 年的 2008.48 万元，十年间减少了 285.34 万元；水文调节由 2009 年的 2262.85 万元到 2019 年的 1977.51 万元，十年间减少了 285.34 万元；废物处理由 2009 年的 1491.29 万元到 2019 年的 1342.23 万元，十年间减少了 149.06 万元；保持土壤由 2009 年的 2513.60 万元到 2019 年的 2203.82 万元，十年间减少了 309.78 万元；维持生物多样性由 2009 年的 2675.06 万元到 2019 年的 2389.76 万元，十年间减少了 285.30 万元；提供美学景观由 2009 年的 1193.00 万元到 2019 年的 1078.02 万元，十年间减少了 114.98 万元。按照二级类型单项功能服务价值占比来比较，从小到大依次为食物生产、提供美学景观、原材料生产、废物处理、水文调节、气体调节、气候调节、保持土壤、维持生物多样性。按照一级类型单项功能服务价值减少占比来比较，供给服务占比 25.52%，调节服务占比 48.03%，支持服务占比 22.99%，文化服务占比 9.64%。从大到下依次为调节服务、供给服务、支持服务、文化服务，整体而言，各项生态服务价值都在减少。

表 5-4　2009~2019 年东山岛滨海旅游村镇各项生态服务价值

生态功能	2009 年		2014 年		2019 年		2009~2019 年变化情况	
	ESV（万元）	比例（%）	ESV（万元）	比例（%）	ESV（万元）	比例（%）	ESV（万元）	比例（%）
食物生产	487.54	2.93	434.85	2.90	425.30	2.90	-62.24	-12.77
原材料生产	1438.76	8.65	1289.87	8.59	1255.27	8.56	-183.49	-12.75
气体调节	2271.51	13.66	2030.30	13.52	1976.59	13.49	-294.92	-12.98
气候调节	2293.82	13.80	2061.59	13.73	2008.48	13.70	-285.34	-12.44
水文调节	2262.85	13.61	2030.92	13.53	1977.51	13.49	-285.34	-12.61
废物处理	1491.29	8.97	1368.79	9.12	1342.23	9.16	-149.06	-10.00
保持土壤	2513.60	15.12	2257.63	15.04	2203.82	15.04	-309.78	-12.32
维持生物多样性	2675.06	16.09	2441.13	16.26	2389.76	16.30	-285.30	-10.67
提供美学景观	1193.00	7.17	1099.55	7.32	1078.02	7.35	-114.98	-9.64
合计	16627.43	100.00	15014.63	100.00	14656.98	100.00	-1970.45	-11.85

四、九村一镇生态系统服务价值变化

通过计算得到东山岛滨海旅游九村一镇 2009～2019 年的生态系统服务价值（见表5-5）。由表5-5可知，东山岛滨海旅游村镇的 ESV 整体呈下降趋势：十年间，东沈村由 2009 年 1889.80 万元到 2019 年 1526.32 万元，减少了 363.48 万元。冬古村由 2009 年 3732.20 万元到 2019 年 3503.45 万元，减少了 228.75 万元。湖尾村由 2009 年 1840.43 万元到 2019 年 1599.39 万元，减少了 241.04 万元。康美村由 2009 年 1507.51 万元到 2019 年 1406.32 万元，减少了 101.19 万元。马銮村由 2009 年 462.02 万元到 2019 年 382.60 万元，减少了 79.42 万元。美山村由 2009 年 372.15 万元到 2019 年 371.90 万元，减少了 0.25 万元。南埔村由 2009 年 766.03 万元到 2019 年 641.76 万元，减少了 124.27 万元。梧龙村由 2009 年 3922.35 万元到 2019 年 3724.47 万元，减少了 197.88 万元。铜钵村由 2009 年 1113.35 万元到 2019 年 739.75 万元，减少了 373.60 万元。铜陵镇由 2009 年 1021.59 万元到 2019 年 761.02 万元，减少了 260.57 万元。按照变化情况从大到小依次为铜钵村、铜陵镇、东沈村、马銮村、南埔村、湖尾村、康美村、冬古村、梧龙村、美山村。其中，铜钵村 ESV 变化最大，是因为该村耕地和林地比例在过去相对较大，但由于十年来对土地资源的利用和管理，该村的耕地和林地面积显著减少，而建设用地增加，导致了自然生态系环境的改变，从而影响了生态系统服务价值。

表5-5　九村一镇生态系统服务价值变化

九村一镇	2009 年		2014 年		2019 年		2009～2019 年变化情况	
	ESV（万元）	占比（%）	ESV（万元）	占比（%）	ESV（万元）	占比（%）	ESV（万元）	占比（%）
东沈村	1889.80	11.37	1540.94	10.26	1526.32	10.41	-363.48	-19.23
冬古村	3732.20	22.45	3671.79	24.45	3503.45	23.90	-228.75	-6.13
湖尾村	1840.43	11.07	1634.42	10.89	1599.39	10.91	-241.04	-13.10
康美村	1507.51	9.07	1425.62	9.49	1406.32	9.59	-101.19	-6.71

九村一镇	2009 年		2014 年		2019 年		2009~2019 年变化情况	
	ESV（万元）	占比（%）	ESV（万元）	占比（%）	ESV（万元）	占比（%）	ESV（万元）	占比（%）
马銮村	462.02	2.78	389.13	2.59	382.60	2.61	-79.42	-17.19
美山村	372.15	2.24	372.15	2.48	371.90	2.54	-0.25	-0.07
南埔村	766.03	4.61	653.91	4.36	641.76	4.38	-124.27	-16.22
梧龙村	3922.35	23.59	3662.01	24.39	3724.47	25.41	-197.88	-5.04
铜钵村	1113.35	6.70	795.09	5.30	739.75	5.05	-373.60	-33.56
铜陵镇	1021.59	6.14	869.57	5.79	761.02	5.19	-260.57	-25.51
总计	16627.43	100.00	15014.63	100.00	14656.98	100.00	-1970.45	-11.85

第五节　结论与对策

一、结论

本章通过2009年、2014年和2019年三期的土地利用数据对东山岛滨海旅游村镇的生态系统服务价值变化进行分析，主要结论如下：

（1）2009~2019年，研究区除建设用地、草地面积增加外，水体面积基本保持不变外，其余土地类型均呈现下降趋势，尤其是园地面积和林地面积减少最多。十年间，建设用地的动态度最高，呈2.56增长。草地次之，为2.31。除水体利用动态度保持平衡外，其他类型均呈现下降趋势，例如，滩涂土地利用动态度为-2.30，园地土地利用动态度呈-2.07。设施农用地动态度为-1.94，林地动态度为-0.98，耕地动态度为-0.83，未利用地动态度为-0.54。这些数据反映了在研究区中，建设用地的增加和园地、林地等的减少是主要的土地利用动态趋势。建设用地的增加主要占用了园地和林地，表明为了推动城市建设，园地、林地等可利用土地逐渐被转化为建设用地。

（2）2009 年、2014 年和 2019 年，研究区生态系统服务价值总量分别为 16627.43 万元、15014.63 万元、14656.98 万元，整体上呈现逐年减少的趋势。在土地利用类型上，农田、森林和未利用地的生态服务功能减少幅度较大；在单项服务价值变化上，不同类型的生态服务功能均呈现不同程度的下降趋势，其中以调节服务功能为甚。研究区生态系统服务价值按照从大到小顺序排列依次为梧龙村、冬古村、湖尾村、东沈村、康美村、铜陵镇、铜钵村、南埔村、马銮村、美山村。这是因为土地利用面积的变化影响了生态系统服务价值：较高生态系统服务价值的森林、园地面积减少，较低生态系统服务价值的建设用地增加。

二、相关对策

研究结果表明，2009~2019 年东山岛滨海旅游村镇生态系统服务功能并没有得到维持，因为建设用地扩大，森林、园地等面积减少，导致在生态系统服务价值的总量上以及在单项生态服务价值上，均呈现持续下降趋势。针对研究结果，建议东山岛在合理控制旅游开发的规模和速度、加强土地利用规划下，正确控制建设用地规模，多增加滩涂湿地、水域、森林等生态系统服务价值较高的用地，协调人地关系，发展资源节约型和环境友好型社会，树立现代生态观，将东山岛滨海旅游村镇建造成生态经济可持续的国际旅游岛。具体有以下五项措施：

（1）制定科学规划。应对旅游村镇的土地利用变化进行科学规划，充分考虑生态系统服务价值，同时合理规划旅游业发展布局，鼓励生态旅游、休闲旅游等绿色生态旅游形式的发展，避免对生态环境过度破坏。

（2）推行生态农业。生态农业是一种低碳环保、高效益、可持续性强的农业模式，具有多种生态系统服务功能，与旅游业相结合，可以打造旅游村镇的新亮点。因此，应通过政策引导，积极推动生态农业发展，促进旅游业与农业产业的融合。

（3）加强环境保护。旅游村镇需要加大环境保护力度，特别是在土地利用方面，需要加强对土地的保护和治理，制定相应的政策和措施，保障生态系统服务功能的完整性和稳定性，确保旅游业可持续发展。

（4）提高公众教育。针对旅游村镇的生态系统服务价值，加强公众教育，推动旅游业可持续发展意识的普及，提高游客环保意识，倡导绿色旅游，减少对环境的影响。

（5）建立监测评估机制。为实现土地利用从过度开发到合理利用的转变，需要建立旅游村镇生态系统服务价值的监测和评估机制，及时识别和纠正不良现象，提高土地利用管理的水平和效果。

参考文献

［1］Westman W E. How Much Are Nature's Services Worth？［J］. Science，1977，197（4307）：960-964.

［2］Costanza R，R Dearge，Groot，et al. The Total Value of the World's Ecosystem Services and Ecosystem Services and Nature Capital［J］. Nature，1997，387（6630）：253-260.

［3］秦晓川，付碧宏. 青岛都市圈生态系统服务—经济发展时空协调性分析及优化利用［J］. 生态学报，2020，40（22）：8251-8264.

［4］曾晨，李扬镳，段雪雯，等. 长江流域中部地区生态系统服务价值评估与综合驱动力分析［J］. 水土保持研究，2022，29（2）：362-371.

［5］Pinuji S，De Vries W T，Rineksi T W，et al. Is Obliterated Land Still Land？ Tenure Security and Climate Change in Indonesia［J］. LAND，2023，12（2）：457-467.

［6］王静，周绍昆，孟繁林，等. 土地利用演变对泸沽湖流域生态系统服务价值评估与时空变化的影响［J］. 西部林业科学，2022，51（5）：

34-42.

[7] Vassallo P, Paoli C, Tilley D R, et al. Energy and Resource Basis of an Italian Coastal Resort Region Integrated Using Emergy Synthesis [J]. Journal of Environmental Management, 2009, 91 (1): 277-289.

[8] 丁偌楠, 王玉梅. 近40年烟台市海岸线及近岸土地利用变化与生态服务价值效应分析 [J]. 水土保持研究, 2017, 24 (1): 322-327.

[9] Chen H S. Establishment and Application of an Evaluation Model for Orchid Island Sustainable Tourism Development [J]. International Journal of Environmental Research and Public Health, 2019, 16 (5): 755.

[10] 寻晨曦, 张志卫, 黄沛, 等. 生态系统服务价值评估在钦州市海岸线保护与利用规划中的应用研究 [J]. 海洋环境科学, 2019, 38 (6): 911-918.

[11] Koval V, Mykhno Y, Antonova L, et al. Analysis of Environmental Factors' Effect on the Development of Tourism [J]. Journal of Geology, Geography and Geoecology, 2019, 28: 445-456.

[12] 周申蓓, 黄媛媛, 吕玲玲. 小浪底工程建设后黄河河岸带生态系统服务价值变化 [J]. 人民黄河, 2022, 44 (9): 122-125+154.

[13] 彭建, 吴见, 徐飞雄, 等. 基于价值评估的黄山市生境质量时空演变特征分析 [J]. 生态学报, 2021, 41 (2): 665-679.

[14] 郑晓豪, 陈颖彪, 郑子豪, 等. 湖北省生态系统服务价值动态变化及其影响因素演变 [J]. 生态环境学报, 2023, 32 (1): 195-206.

[15] 李淑娟, 高琳. 胶州湾北岸滨海地区4个时期生态系统服务价值和生态功能区划分研究 [J]. 湿地科学, 2020, 18 (2): 129-140.

[16] Bajocco S, De Angelis A, Perini L, et al. The Impact of Land Use/Land Cover Changes on Land Degradation Dynamics: A Mediterranean Case Study [J]. Environmental Management, 2012, 49 (5): 980-989.

[17] Saha J, Paul S. An Insight on Land Use and Land Cover Change Due to Tourism Growth in Coastal Area and Its Environmental Consequences from West Bengal, India [J]. Spatial Information Research, 2021, 29 (4): 577-592.

[18] 李冬杰, 杨利, 余俞寒, 等. 都市生态旅游区土地利用碎片化对生态系统服务价值的影响——以武汉东湖生态旅游区为例 [J]. 生态学报, 2019, 39 (13): 4782-4792.

[19] 倪维秋, 张学鹏, 杨澜, 等. 基于土地利用的生态系统服务价值估算尺度效应研究 [J]. 生态经济, 2022, 38 (9): 170-178.

[20] 张丽琴, 渠丽萍, 吕春艳, 等. 基于空间格局视角的武汉市土地生态系统服务价值研究 [J]. 长江流域资源与环境, 2018, 27 (9): 1988-1997.

[21] 谢高地, 甄霖, 鲁春霞, 等. 一个基于专家知识的生态系统服务价值化方法 [J]. 自然资源学报, 2008, 23 (5): 911-919.

第六章　滨海旅游区木麻黄林生态系统服务价值变化评估

　　近年来，随着经济的高速发展和城市化的不断推进，生态环境问题已经逐渐成为了全球性的难题（侯一蕾等，2023）[1]。在这个背景下，评估生态系统服务价值的变化对于生态环境的保护和可持续发展至关重要（王佳恒等，2022）[2]。滨海旅游区木麻黄林是中国生态系统服务的重要组成部分，具有重要的生态功能和经济意义（黄煜等，2022）[3]。

　　本章针对 2003~2015 年滨海旅游区木麻黄林生态系统服务价值进行了计算和分析。研究发现，2003~2015 年，木麻黄林的游憩价值呈现逐年递增的趋势，而固碳释氧、涵养水源、防灾减灾和净化大气等生态系统服务价值则呈下降趋势。尤其是在 2015 年，游憩价值的比例大大超过了其他生态系统服务价值。这一趋势意味着我们需要更加关注滨海旅游区木麻黄林的游憩功能，并加强其防灾减灾能力，努力保护整个生态系统，以实现生态环境的可持续发展。可以看出，滨海旅游区木麻黄林生态系统服务价值的评估对于生态系统的保护和可持续发展至关重要。在未来的工作中，我们需要持续关注生态系统服务价值的变化，并找到更加有效的方法来提高生态系统服务的质量和数量，以便更好地保护生态环境，促进可持续发展。

第一节 研究区域概况

被誉为"闽南金三角"的东山县,是中国第六、福建省第二大海岛县,又被称为蝶岛(官莹等,2023)[4]。东山主岛海域介于东经117°17′~117°35′、北纬23°33′~23°47′,处于福建省最南端闽粤交界的沿海突出部,属于亚热带海洋季风气候,年平均气温20.8℃。景区东南部土壤类型以风沙土为主,土体松散,缺乏胶体,黏土少,易干旱,西北部属于沙质冲积平原。木麻黄是优良的防护林树种,具有耐盐碱、抗风沙、生长迅速等特点,自20世纪50年代以来在我国东南沿海被大面积种植。木麻黄具有多重效益,生态效益是最基本的效益,突出表现为防风固沙、保持水土、涵养水源、改善大气、保护农田、抵御自然灾害等(孙战等,2020)[5]。木麻黄林所带来的生态效益远远大于其直接的经济效益,是维持沿海生态平衡的关键,对于沿海地区的生态安全起着至关重要的作用(李翠萍,2010)[6]。

根据林业局实地调研数据,2015年东山县木麻黄林总面积为58公顷,相比2003年的136公顷减少了78公顷。2015年防护林活立木蓄积量为2658立方米,相比2003年的4236立方米减少了1578立方米(见表6-1),2003~2015年东山县马銮湾、金銮湾木麻黄林分布如图6-1、图6-2所示。

表6-1 2003~2015年东山县木麻黄林相关信息

年份	木麻黄林 面积(公顷)	活立木蓄 积量(立方米)	木麻黄年 生长率(%)	木麻黄木材平均 价格(元/立方米)
2003	136	4236	5.2	105
2007	106	3935	5.3	220
2011	74	3427	5.4	410
2015	58	2658	5.3	1000

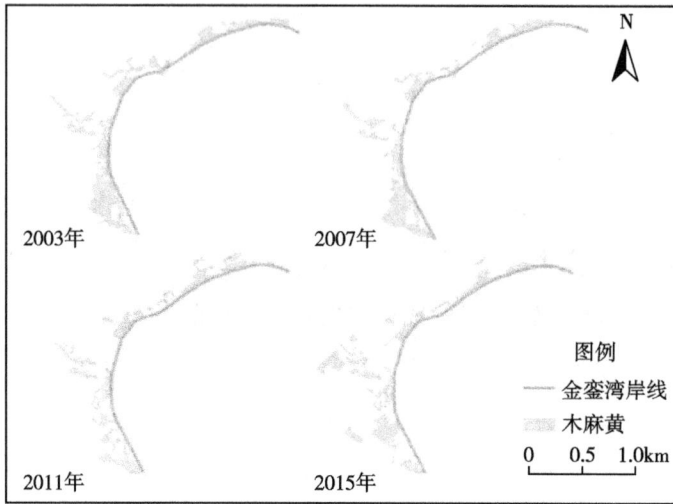

图 6-1　2003~2015 年金銮湾木麻黄林分布

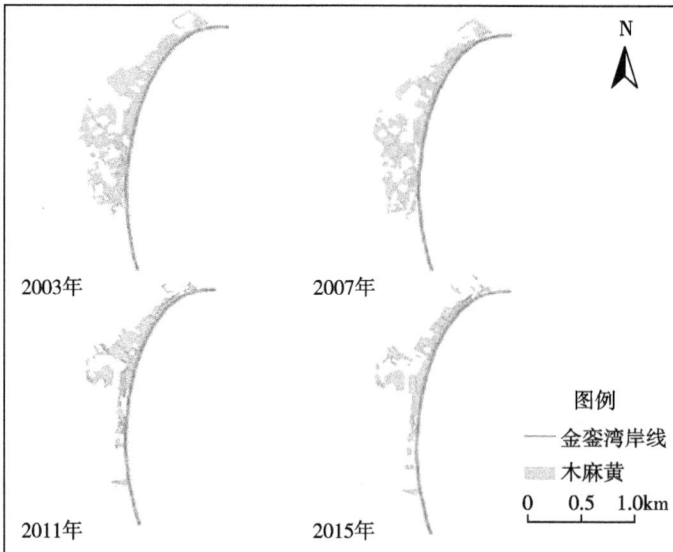

图 6-2　2003~2015 年金銮湾木麻黄林分布

第二节　研究方法与数据来源

一、数据来源

本章采用当地政府机关数据统计收集和实地调研相结合的方式。木麻黄林数据来源于福建省东山县林业局、国土资源局、海洋局等相关单位的统计数据，以及现有文献资料。除此之外，通过实地调研进行补充。从 2003 年、2007 年、2011 年和 2015 年的 Google Earth 遥感影像图上目视解译。

二、研究方法

评价方法参考我国林业行业标准《森林生态系统服务价值评估规范》与东山木麻黄林景观的旅游特色，木麻黄生态系统服务功能分为经济功能和生态功能两大类。生态功能分为固碳释氧价值、涵养水源价值、净化大气价值、防风固沙价值（蒋桂容和覃建雄，2022)[7]。经济价值则包括林副产品价值和森林游憩价值（杨师帅等，2022)[8]。

（一）林副产品价值评价方法

活立木潜在的价值是防护林生态效益的重要组成部分，在活立木的价值研究上，目前常用的方法有收益法、成本法、市场价值倒算法等（马爱华，1993)[9]。2003~2015 年，随着通货膨胀，木材价格的评价标准也发生了变化。本章以 2015 年为基准，得到木麻黄树种各年的交换比率及价格（见表6-2）。

表 6-2　2003~2015 年木麻黄树种货币交换比率及价格

年份	木麻黄树种平均原本价格（元/立方米）	交换比率	木麻黄树种平均统一价格（元/立方米）
2003	105	1：10	1050

年份	木麻黄树种平均原本价格（元/立方米）	交换比率	木麻黄树种平均统一价格（元/立方米）
2007	220	1：5	1100
2011	410	1：2.7	1107
2015	1000	1：1	1000

本章采用市场价值法估算木麻黄林经济价值。计算公式如下所示：

$$V_木 = S \times W_木 \times R_木 \times P_木 = B \times R_木 \times P_木 \tag{6-1}$$

式中，$V_木$ 表示木材产品生产的价值（元/年）；S 表示防护林面积（公顷）；$W_木$ 表示防护林单位面积平均蓄积量（立方米）；$R_木$ 表示年均生长率（%）；$P_木$ 表示木材产品统一价格（元/立方米）；B 表示活立木蓄积量（立方米）。

（二）固碳释氧价值评价方法

木麻黄林生态系统通过植被、土壤、动物和微生物固定碳素，释放氧气，对大气调节有着重要的作用。固碳释氧功能能够维持生物圈大气的动态平衡。本章以周广胜对我国森林生态系统净初级生产力（NPP）研究成果为依据（曾诚，2005）[10]，根据光合作用方程式估算光合固碳释氧量，了解到植物体每生产 1g 干物质需要 1.63g CO_2，同时释放 1.19g O_2。利用净初级生长量能够计算得到木麻黄林固定 CO_2 和释放 O_2 的量。本章通过中国造林成本法估算木麻黄林的固碳和释氧价值，其中，固碳的造林成本为 260.90 元/吨，释氧的造林成本为 352.93 元/吨（1990 年不变价）（王如松等，2004）。固碳释氧价值计算公式如下所示：

$$V_{植被固碳} = 1.63R_碳 \times A \times B \times D \tag{6-2}$$

式中，$V_{植被固碳}$ 表示防护林植被年固碳价值（元）；$R_碳$ 表示 CO_2 中碳的检测值（27.27%）；A 表示防护林林分净生产力（吨/公顷·年）；B 表示防护林林分面积（公顷）；D 表示固碳的中国造林成本（元/吨）。

$$V_氧 = 1.19Q_氧 \times C \times M \times E \tag{6-3}$$

式中，$V_{氧}$ 表示防护林植被年释氧价值（元）；$Q_{氧}$ 表示 CO_2 中氧的检测值（72.73%）；C 表示防护林林分面积（公顷）；M 表示防护林林分净生产力（吨/公顷·年）；E 表示释氧的中国造林成本（元/吨）。木麻黄林林分面积及净生产力如表6-3所示。

表6-3　木麻黄林林分面积及净生产力

年份	林分面积（公顷）	林分净生产力（吨/公顷·年）
2003	136	9.2
2007	106	10.1
2011	74	13.5
2015	58	11.7

资料来源：2003年、2007年、2011年、2015年东山县林业局统计报表。

（三）森林游憩价值评价方法

木麻黄林是一种特殊的环境公共商品，具有极高的美学价值和良好的生态环境，可以给旅客提供休息、娱乐、参观等，对旅游业的发展起到重要的推动作用（郑晓倩和赖钟雄，2015）[11]。随着旅游业的发展，东山滨海旅游收入逐渐增加。本章采用旅行费用法，根据旅游收入及防护林贡献率（周亚东等，2011）[12]，以及东山县旅游局及马銮湾景区管理处数据，估算得出滨海旅游区年旅游收入占总旅游收入的80%，在木麻黄森林区开展游憩活动人数约占滨海旅游区总旅游人数的3%。同时根据实地调研结果与专家相关评估，得出木麻黄林对旅游收入的贡献率约为3%。综上估算东山县木麻黄林游憩价值，计算公式如下所示：

$$V_{游憩价值} = E_{年旅游总收入} \times 80\% \times 3\% \times 3\% \tag{6-4}$$

式中，$V_{游憩价值}$ 表示防护林游憩价值，$E_{年旅游总收入}$ 表示旅游总收入。2003～

2015 年东山县旅游总收入如图 6-3 所示。

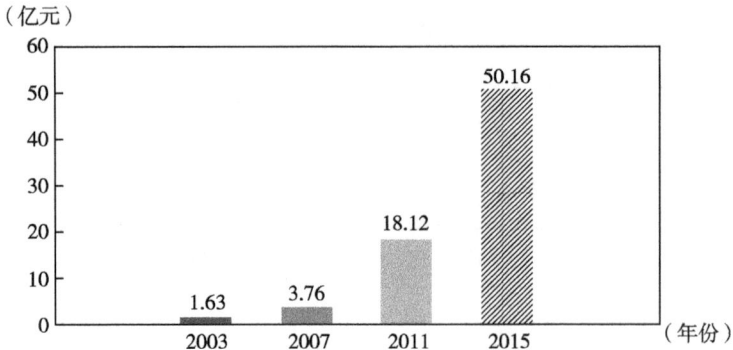

图 6-3　2003~2015 年东山县旅游总收入

资料来源：东山县文化体育与旅游局。

（四）净化大气价值评价方法

防护林生态系统通过叶片实现对大气污染物的吸收、过滤、阻隔和分解，以及降低噪声等。各种树木的叶片对 SO_2 的吸收和滞尘能力如表 6-4 所示。

本章运用替代花费法估算防护林生态系统对 SO_2 的吸收和滞尘的净化价值（杨琼，2002）。吸收 SO_2 的净化价值公式如下所示：

$$G_{SO_2} = Q_{SO_2} \times A \times B \tag{6-5}$$

式中，G_{SO_2} 表示防护林吸收 SO_2 价值（元）；Q_{SO_2} 表示单位面积林分吸收 SO_2 量（千克/公顷·年）；A 表示防护林林分面积（公顷），B 表示单位面积对 SO_2 的投资成本及处理成本（元/吨）。

林分滞尘价值的计算公式如下所示：

$$G_{滞尘} = Q_{滞尘} \times A \times B \tag{6-6}$$

式中，$G_{滞尘}$ 表示防护林滞尘价值（元）；$Q_{滞尘}$ 表示单位面积林分年滞尘量（吨/公顷·年）；A 表示防护林林分面积（公顷）；B 表示单位面积防护林削减粉尘的成本（元/吨）。各种树木对 SO_2 的吸收和滞尘能力汇总如表 6-4 所示。

2003～2015年SO$_2$的吸收量和滞尘量通过东山县林业局及气象局统计数据得到。

表6-4　各种树木对SO$_2$的吸收和滞尘能力汇总

树种	吸收SO$_2$的能力（千克/公顷·年）	滞尘的能力（吨/公顷·年）
木麻黄	88.65	10.11
松树	117.6	34.45
桉树	88.65	10.11

资料来源：《中国生物多样性国情研究报告》。

（五）涵养水源价值评价方法

沿滨海分布的东山县木麻黄林具有很强的水源涵养能力。在防护林涵养水源量的计算中，本章根据土壤的蓄水能力计算防护林水源涵养量，计算公式如下所示：

$$W = k \times h \times S \times 10000 \tag{6-7}$$

式中，W表示防护林水源涵养量（立方米/年）；k表示防护林林分的土壤非毛孔隙度（%）；h表示防护林林分土壤的厚度（米）；S表示防护林林分的面积（公顷）。根据林业局及相关已有研究成果得到的东山县木麻黄林土壤厚度及土壤非毛孔隙度如表6-5所示。

表6-5　2003～2015年土壤厚度及单位蓄水费用

年份	防护林面积（公顷）	土壤厚度（米）	土壤非毛孔隙度（%）
2003	136	0.7	6.30
2007	106	0.6	6.12
2011	74	0.6	5.58
2015	58	0.5	5.40

资料来源：《东山县林业局年度报告》（2004-2016年）。

本章采用替代工程法对防护林水源涵养量进行价值的估算。代替工程法是为了达到相同的防护林涵养水源量作用所需要修建其他措施的费用。计算公式如下所示:

$$V_水 = W \times P_W \qquad\qquad (6-8)$$

式中,$V_水$ 表示防护林年涵养水量的价值(元/年);W 表示防护林年涵养水源量(立方米/年);P_W 表示单位蓄水费用(元/立方米)。

(六)涵养水源价值评价方法

东山县处于沿海区域,经常遭受到台风的袭击,木麻黄林树干和枝叶可以大大减轻台风带来的危害。我国沿海 1.8×10^4 千米的海岸线已经营造防护林 1×10^4 千米,据研究每年可为沿海地区经济建设减少因台风带来的经济损失约 9×10^8 亿元~12×10^8 亿元(肖寒等,2000)。本章根据海岸线木麻黄林长度比例对东山县木麻黄林的防灾减灾价值进行估算。2003~2015 年东山县木麻黄林占海岸线总长度的比例变化如表 6-6 所示:

表6-6　2003~2015 年东山县马銮湾、金銮湾木麻黄林占海岸线长度比例变化表

年份	金銮湾木麻黄林长度比例(%)	马銮湾木麻黄林长度比例(%)
2003	77	81
2007	75	78
2011	61	74
2015	65	69

资料来源:东山县林业局、海洋局统计数据。

第三节　生态系统服务经济功能价值分析

一、林副产品价值分析

根据林副产品价值评价方法估算得到,2003~2015 年木麻黄林林副产品价

值分别为 23.13 万元、22.94 万元、20.49 万元、14.09 万元（见图 6-4）。在研究时段内，东山县木麻黄林提供的林副产品价值逐年递减，其中以 2007~2015 年递减趋势最为明显。通过实地调研发现近十年东山县将马銮湾、金銮湾建设为海滨旅游区，随着旅游业的发展，一些旅游建筑、基础设施等占用了原本防护林的种植区域，防护林种植面积的减少导致林副产品价值随之减少。

二、游憩价值分析

根据游憩价值评估方法，可以估算得到 2003~2015 年木麻黄林游憩价值分别为 11.74 万元、27.07 万元、130.46 万元、361.15 万元（见图 6-4）。2003~2015 年东山县木麻黄林的游憩价值呈逐年递增趋势，其中 2007~2015 年递增趋势最为明显。木麻黄林不仅具有经济价值，还具有景观美学及提供游客游憩作用等生态价值，对旅游业的发展起重要作用。近年来随着东山县滨海旅游业的发展，防护林游憩价值也逐渐递增，木麻黄林成为旅游发展的一大组成部分。

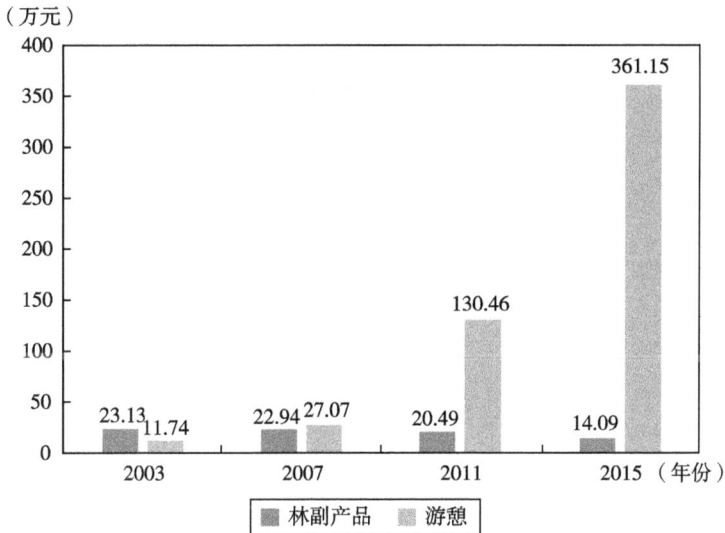

图 6-4　2003~2015 年东山岛旅游区木麻黄林生态系统经济服务价值变化

第四节　生态系统服务生态功能价值分析

一、固碳释氧价值分析

根据防护林固碳释氧价值评估方法，2003~2015 年木麻黄林固碳释氧价值分别为 52.73 万元、45.13 万元、42.21 万元、28.60 万元（见图 6-5），2003~2015 年东山县木麻黄林的固碳释氧价值逐年递减，其中以 2011~2015 年的递减趋势最为明显。造成这种现象的原因为：随着滨海旅游行业的发展，旅游基础及接待设施的建设占用了防护林的种植区域，导致了木麻黄林的总体面积减少，木麻黄林植被分布的碎片化程度增加，固碳释氧能力降低。

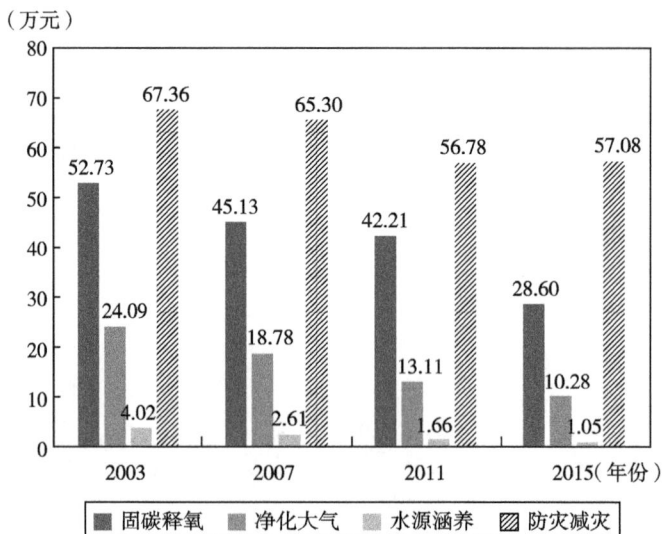

图 6-5　2003~2015 年东山岛旅游区木麻黄林生态系统服务生态功能价值变化

二、净化大气价值分析

根据净化大气价值的评估方法，2003~2015年木麻黄林吸收SO_2价值分别为7229.76元、5646.41元、3936.09元、3084.32元（见图6-5）。滞尘价值分别为233743.2元、182182.2元、127183.8元、99684.6元。木麻黄林净化大气价值为吸收SO_2价值与滞尘价值之和。因此研究期间内木麻黄林净化大气价值分别为24.09万元、18.78万元、13.11万元、10.28万元。经济的发展带来一定的环境污染，木麻黄林对环境污染的治理有重要的作用。东山县木麻黄林在研究期间内净化大气价值呈逐年递减的趋势（见图6-5）。随着旅游业的发展，旅游设施的建设占据了木麻黄林种植区域，导致了木麻黄林种植面积减少，产生的环境效益也随之减少，净化大气价值随之降低。

三、涵养水源价值分析

根据防护林水源涵养价值评估方法，2003~2015年木麻黄林水源涵养价值分别为4.02万元、2.61万元、1.66万元、1.05万元（见图6-5）。研究期间内东山县木麻黄林的水源涵养价值呈逐年递减的趋势，可见随着木麻黄林蓄积量的减少，涵养水源也受到了影响。

四、防灾减灾价值分析

根据防灾减灾价值评估法，2003~2015年东山县木麻黄林防灾减灾价值分别为67.36万元、65.30万元、56.78万元、57.08万元（见图6-5）。木麻黄林作为东山县滨海区域重要的防风屏障，对整个东山县防灾减灾的作用是巨大的。从计算结果可以了解到研究时段内，东山县木麻黄林防灾减灾价值呈递减的趋势（见图6-5）。旅游业的发展导致防护林面积的减少，使得木麻黄林对东山县的防灾减灾作用降低。

第五节　木麻黄林生态系统服务总价值的动态变化

由表6-7可知，2003年、2007年、2011年、2015年木麻黄林生态系统服务总价值分别为183.07万元、181.83万元、264.71万元、472.25万元，总体上呈现增加的趋势。由图6-6可知，2003年、2007年、2011年、2015年的经济功能价值分别为34.87万元、50.01万元、150.95万元、375.24万元，2003～2015年增加340.37万元；生态功能价值分别为148.2万元、131.82万元、113.76万元、97.01万元，下降51.19万元。2015年经济价值与生态价值差异较大。

由图6-7～图6-10可知，2003年及2007年的防灾减灾价比重最大，分别为36.79%、35.91%。而2011年及2015年游憩价值大幅度增加，占最大比重，为49.28%。特别是2015年，游憩价值所占比重为76.47%，远远高于其余生态系统服务功能价值，在一定程度上体现了东山县滨海旅游业的快速发展，以及旅游业发展对防护林生态系统服务功能价值的构成带来的巨大改变。

表6-7　2003～2015年东山县木麻黄林各类型生态系统服务价值

单位：万元

木麻黄生态系统 服务价值	2003年	2007年	2011年	2015年
	183.07	181.83	264.71	472.25

资料来源：笔者自行调查测算编制。

2003年东山县木麻黄林生态系统服务功以生态功能为主，生态功能价值占据80.95%的比重，其中又以防灾减灾及固碳释氧为主，林副产品及净化大气次之，其余生态功能及经济功能较小；2007年仍以生态功能为主，生态功能价值比重为72.50%，其中又以防灾减灾及固碳释氧为主，游憩功能与林副

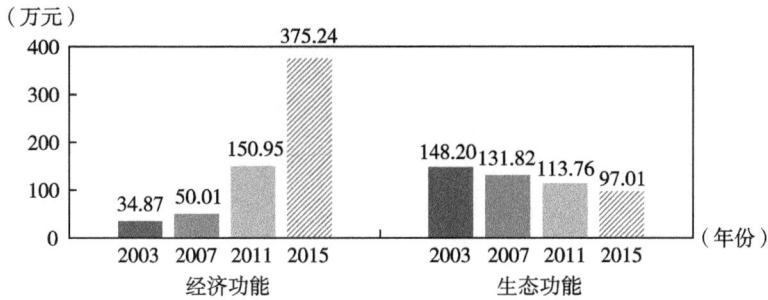

图 6-6 2003~2015 年东山县木麻黄林各类型生态系统服务价值

资料来源：笔者自行调查测算编制。

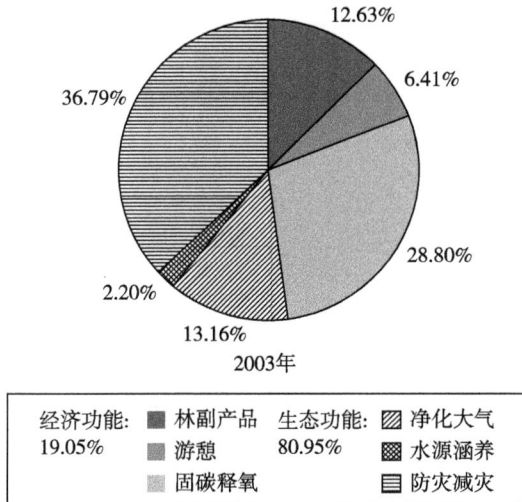

图 6-7 2003 年东山县木麻黄林各类型生态系统服务价值比例分布

资料来源：笔者自行调查测算编制。

产品为次之，游憩功能开始增加；2011 年经济功能超越生态功能，两者分别占据 57.02% 及 42.98% 的比重，其中又以游憩功能为主，防灾减灾功能为其次，固碳释氧功能为第三，其余较不明显；2015 年经济功能以 79.46% 的比重远远大于生态功能，其中，以游憩功能占据最大比重，并远远大于其次的防灾减灾功能，其余功能均不明显，水源涵养功能则一直处于较低水平。

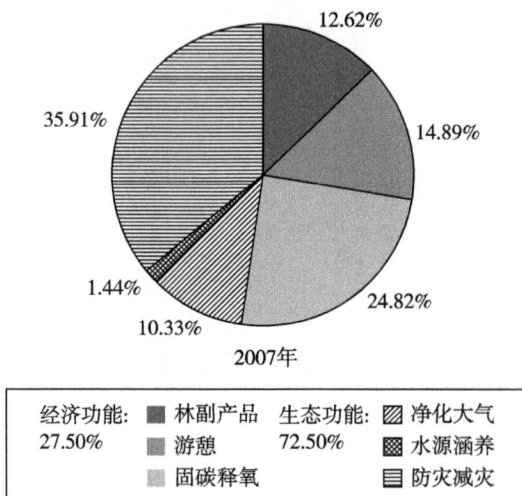

图 6-8　2007 年东山县木麻黄林各类型生态系统服务价值比例分布

资料来源：笔者自行调查测算编制。

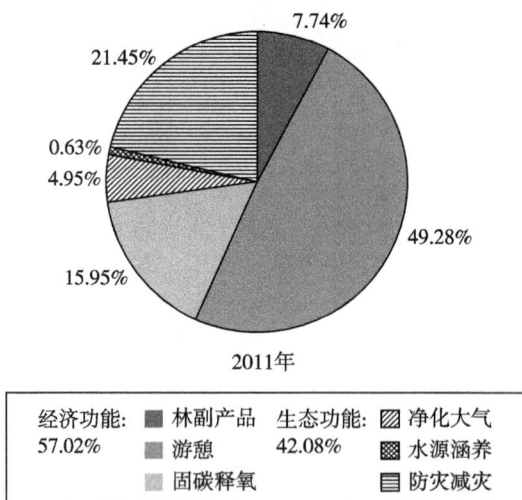

图 6-9　2011 年东山县木麻黄林各类型生态系统服务价值比例分布

资料来源：笔者自行调查测算编制。

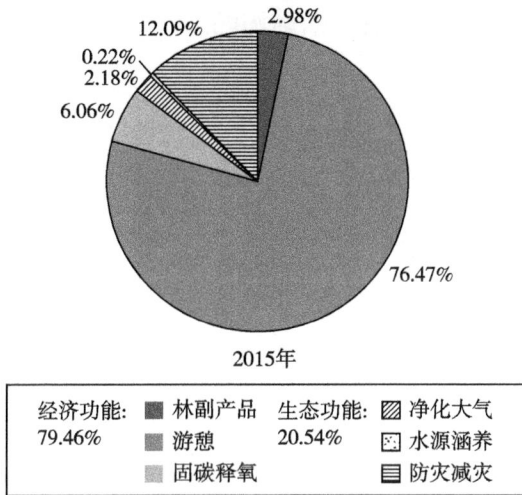

图 6-10 2015 年东山县木麻黄林各类型生态系统服务价值比例分布

资料来源：笔者自行调查测算编制。

尽管防护林的游憩价值大大增加，但其林副产品价值、固碳释氧价值、净化大气价值、涵养水源价值以及防灾减灾价值均是降低的，可以推断，旅游业的发展促进了游憩功能的增加，但对防护林其余生态系统服务功能带来了负面影响。其中，降低最多、影响最大的为水源涵养功能，2015 年相比 2003 年降低了 73.88%；其次为净化大气功能、固碳释氧功能以及林副产品功能，降低比例分别为 57.33%、45.76% 以及 39.08%；防灾减灾功能也有所降低，但降低程度相对较小。

第六节 结论与对策

一、结论

本章通过对来源于福建省东山县林业局、国土资源局、海洋局等相关单位统计数据以及文献资料的数据统计，对 2003~2015 年东山岛滨海旅游区马銮湾、金銮湾木麻黄林生态系统服务价值消耗的计算，分析了各类型生态系统服务价值变化特征。

研究结果表明，2003～2015 年东山县滨海旅游区木麻黄林生态系统服务总价值分别为 183.07 万元、181.83 万元、264.71 万元、472.25 万元。其中，经济功能价值占总价值比例分别为 19.05%、27.50%、57.02%、79.46%，生态功能价值占总价值的比例逐年降低。

2003～2015 年木麻黄林的游憩价值呈现逐年递增的趋势，分别为 11.74 万元、27.07 万元、130.46 万元、361.15 万元。林副产品价值分别为 23.13 万元、22.94 万元、20.49 万元、14.09 万元。固碳释氧价值分别为 52.73 万元、45.13 万元、42.21 万元、28.60 万元。涵养水源价值分别为 4.02 万元、2.61 万元、1.66 万元、1.05 万元。防灾减灾价值分别为 67.36 万元、65.30 万元、56.78 万元、57.08 万元。净化大气价值分别为 24.09 万元、18.78 万元、13.11 万元、10.28 万元。

2003 年、2007 年东山县木麻黄林生态系统服务价值均以防灾减灾、固碳释氧为主，而 2011 年则以游憩价值为主，防灾减灾为其次。2015 年游憩价值远远大于其余生态系统服务价值，其次为防灾减灾。游憩及防灾减灾是当前东山县木麻黄林生态系统服务价值的主要构成部分。

二、相关对策

针对如何提升东山岛木麻黄林生态系统服务价值，本章提出以下五项对策：

（1）加强滨海旅游区木麻黄林的保护和管理，确保其生态系统服务能够持续提供。这包括定期监测生态系统服务、采取必要的维护和治理措施、预防和修复生态损失等。

（2）从游憩和防灾减灾入手，发展相关产业，增加滨海旅游区木麻黄林的经济功能价值，并在提高经济价值的同时，确保生态环境不受破坏。

（3）通过科学技术手段，大力开展科技创新，推进木麻黄林生态系统服务的数字化管理和技术支持，不断增加相关产业和生态服务的效益。

（4）加强宣传和教育，提高公众对滨海旅游区木麻黄林生态系统服务价值的认识和意识，鼓励公众抵制破坏生态环境的行为，积极参与到保护生态环境中来，共同维护良好的生态环境。

（5）加强国际合作，借鉴国际先进的经验和模式，推进滨海旅游区木麻黄林生态系统服务的可持续发展，促进国际间的交流与合作，实现共赢发展。

参考文献

［1］侯一蕾，邢方圆，马丽，等．应对气候变化与保护生物多样性协同：全球实践与启示［J］．气候变化研究进展，2023，19（1）：91.

［2］王佳恒，颜蔚，段学军，等．湖泊生态缓冲带识别与生态系统服务价值评估——以滇池为例［J］．生态学报，2022（20）：23-43.

［3］黄煜，李海生，伍凯瀚，等．惠州平海湾沿海沙滩沙生植被资源现状研究［J］．生态科学，2022，41（3）：72.

［4］官莹，宋普庆，王良明，等．东山湾及其邻近海域游泳动物群落结构的年代际差异性［J］．中国海洋大学学报（自然科学版），2023，53（4）：31-42.

［5］孙战，张勇，马海宾．粤西木麻黄青枯病成灾原因及防治策略［J］．温带林业研究，2020，3（3）：6-10.

［6］李翠萍．基于景观生态学的福建沿海防护林安全分析［J］．海峡科学，2010（6）：55-58.

［7］蒋桂容，覃建雄．人与自然和谐共生新格局下评估干旱区林果业生产的生态功能价值——以新疆南疆地区为例［J］．干旱区地理，2022，45（5）：1604-1614.

［8］杨师帅，逯非，张路．天然林资源保护工程综合效益评估［J］．环

境保护科学，2022，48（5）：18-26.

　　［9］马爱华.森林水文学［M］.北京：中国林业出版社，1993.

　　［10］曾诚.我国森林生态价值评估研究进程［J］.西藏林学院学报，2005，25（3）：74-79.

　　［11］郑晓倩，赖钟雄.福州市居住区植物群落特征及配置方式分析［J］.农学学报，2015，5（2）：65.

　　［12］周亚东，薛杨，李广翅，等.海南生态公益林生态系统服务功能价值评估报告［J］.热带林业，2011，39（2）：31-37.

第七章　东山岛海滩生态系统服务价值评估

　　海滩是一种独特的自然环境和资源，是人们旅游和休闲的重要场所。然而，与此同时，海滩的开发和利用也会带来生态问题，可能导致环境的破坏和生态系统服务的降低（黎清华等，2022）[1]。因此，如何在保护生态环境的前提下实现海滩的可持续利用是当今社会面临的重大问题之一。海滩生态系统服务价值评估是了解海滩生态系统对社会经济的贡献、生态系统服务的价值以及与环境保护和经济发展的关系的重要工具。评估结果可以为政策制定、管理和保护提供基础和指导，以实现生态环境保护和经济社会发展的平衡（杨波等，2023）[2]。

　　东山岛海滩是一个独具特色的海滨旅游胜地，也是一个海洋自然保护区。然而，海滩的开发和利用也会带来一些环境问题和社会问题，例如滩涂减少、海水污染及生境破坏等，因此需要进行生态系统服务价值评估，以发现和应对这些问题，确保海滩能够得到可持续利用和保护（游远新，2022）[3]。本章根据已有的文献资料，对东山岛海滩生态系统服务价值进行评估，并在此基础上提供四个对策和建议，以便东山岛可以更好地平衡生态环境和经济利益。

第一节　研究区域概况

福建省东山县位于福建东南端，全县土地总面积约为 247.24 平方千米，主要由东山主岛和 30 个小岛屿、39 个岩礁组成。其中主岛东山岛面积为 241.57 平方千米，为福建省第二大岛。岛屿地理坐标为东经 117°17′~117°35′、北纬 23°33′~23°47′，属于南亚热带海洋性季风气候（赵嘉阳等，2017）[4]。沙滩旅游区主要位于东南部，马銮湾风景区沙滩长约 3310 米，宽约 60 米，面积约 19.86 公顷。金銮湾风景区沙滩长约 4850 米，宽约 80 米，面积约 38.8 公顷。东山县旅游海滩概况如表 7-1 所示。

表 7-1　东山县海滩概况

沙滩地点	沙滩长度（千米）	面积（公顷）	潮间带宽度（米）	底质	坡度（%）	年均水温（℃）	平均潮差（m）	日照数（h）
马銮湾	3.31	19.86	60	中细砂	5	20.8	1.75	2384
金銮湾	4.85	38.8	80	中细砂	3	20.8	1.75	2412
合计	8.16	58.66						

资料来源：笔者自行调查编制。

第二节　研究方法与数据来源

一、研究方法

研究以福建省东山县马銮湾、金銮湾海滩为研究区域，根据 Costanza 等的 ESV 方法及海洋生态系统服务功能特征分类（Costanza 等，1997）[5]，同时根据指标选取的可比性、系统性、可获取性及代表性原则，根据研究的目的性以及东山岛海滩的实际情况，最终选取护岸功能、水分调节功能、旅游娱乐功能以及文化科研功能、降污净化功能作为评估分析的五项指标，利用影子工程法、专家估算法、市场价值法、实地调查法、文献资料法等对东山县马銮湾、金銮湾海滩各类生态系统服务价值进行评估，计算得出相应的护岸价值、旅游娱乐价值、水分调节价值、文化科研价值、降污净化价值。

二、数据来源

研究应用的统计数据主要来源于 2016 年福建省林业厅编制的《东山县统计年鉴》，旅游数据来源于东山县旅游局，参数数据来源于现有文献研究。

第三节　生态系统服务直接价值评估

海滩生态系统通过其外在景观可以向人类提供观光旅游、休息、野餐等旅游休闲服务，因此海滩生态系统拥有巨大的休闲旅游娱乐价值（刘佳和纪晓萌，2022）。[6] 东山县海滩生态系统旅游娱乐价值可根据年旅游总收入计算得出。2016 年东山县共接待游客 563.746 万人次，实现旅游收入 59.0178 亿元。考虑到只有部分娱乐活动发生在海滩，通过实地调研及旅行费用法，将东山岛旅游收入的 20% 用来估算海滩的旅游娱乐服务价值。具体计算公式如下：

$$E = 20\% E_{total} \times (s/S) \qquad (7-1)$$

式中，E 表示海滩旅游娱乐价值；E_{total} 表示东山县旅游总收入；s 表示研究区域海滩面积；S 表示东山县土地总面积。根据计算结果可知，2016 年东山岛海滩生态系统服务旅游娱乐价值为 28006 万元。根据马銮湾与金銮湾旅游人数百分比计算得出马銮湾海滩生态系统服务旅游娱乐价值约为 16751.48 万元，金銮湾海滩生态系统服务旅游娱乐价值约为 11254.52 万元。

第四节　生态系统服务间接价值评估

一、护岸价值

护岸功能是指海滩用来防御波浪、水流的侵袭以及淘刷、地下水等作用，以维持岸线稳定的功能（杨鑫等，2023）[7]。运用影子工程法估算海滩护岸价值，计算方法如下所示：

$$A = S \times g \tag{7-2}$$

式中，A 表示护岸功能总价值；S 表示海滩面积（公顷）；g 表示单位沙滩面积的护岸价值（美元/公顷）。依据专家评估法，沙滩防御风暴潮的价值为 9140~30760 美元/公顷（陈鹏，2006）[8]，取其平均值 19950 美元/公顷，2016 年 1 美元兑换人民币 6.6423 元，因此汇率以 1 美元=6.60 元人民币计算（以下皆同）。根据计算结果可知，2016 年东山岛海滩生态系统服务护岸价值为 772.38 万元。根据马銮湾与金銮湾旅游人数百分比计算得出马銮湾海滩生态系统服务护岸价值为 461.99 万元，金銮湾海滩生态系统服务护岸价值为 310.39 万元。

二、水分调节价值

（一）调蓄洪水

潮间海滩能够调蓄海水、降低风暴潮等自然灾害引起的海岸水位上升，减少对沙岸后沿地带的破坏作用（王瑞卿等，2022）[9]。运用影子工程法估算海滩蓄水价值，计算公式如下：

$$T = F \times Z \times S \tag{7-3}$$

式中，T 表示蓄水功能价值；F 表示单位面积湿地蓄水量，取值 8100.00 立方米/公顷·年；Z 表示单位蓄水量的库容成本，取值 0.67 元/立方米；S 表示海滩面积（公顷）。

（二）涵养水源

湿地供水功能价值的计算公式为：

$$H = S \times a \tag{7-4}$$

式中，H 表示湿地洪水调蓄功能价值；a 表示单位面积海滩涵养价值；S 表示海滩面积（公顷）。采用谢高地等（2008）[10] 对青藏高原生态资产的价值评估制定的《中国不同陆地生态系统单位面积生态服务价值表》中单位面积湿地生态系统水源涵养价值为 13715.2 元/公顷·年来计算水源涵养价值。

根据计算结果可知，2016 年东山岛海滩生态系统服务水分调节价值为 112.29 万元。根据马銮湾与金銮湾旅游人数百分比计算得出马銮湾海滩生态系统服务水分调节价值为 67.17 万元，金銮湾海滩生态系统服务水分调节价值为 45.12 万元。

三、文化科研价值

海滩地处海洋与陆地交错的生态脆弱带，在经济战略布局中占有重要的地位。受气候变化和人类活动的双重影响，海滩的脆弱性更加显著。Costanza 等（1997）[5] 得出海滩的文化科研价值为 4.34 万元/平方千米·年，国内学者陈仲新和张新时（2000）[11] 根据中国生态系统的实际现状计算出我国单位面积各类生态系统的平均科研文化价值约为 3.55 万元/平方千米·年，最终采用成果参考法，取两者平均值 3.945 万元/平方千米·年（李志勇等，2012）[12]。计算公式如下：

$$W = S \times d \tag{7-5}$$

式中，W 表示文化科研价值；d 表示海滩面积（公顷）；S 表示沙滩生态系统文化科研功能单位面积价值。根据计算结果可知，2016 年东山岛海滩生态系统服务文化科研价值为 231.41 万元。根据马銮湾与金銮湾旅游人数百分比计算得出马銮湾海滩生态系统服务文化科研价值为 138.42 万元，金銮湾海滩生态系统服务文化科研价值为 93.0 万元。

四、降污净化价值

依据美国经济生态学家 Robert Costanza 研究得到的沙滩降解污染功能平均价值为 4177 美元/千顷·年，折合人民币为 27568.2 元/公顷，作为东山县海滩旅游文化科考的价值，降污净化功能价值计算方法如下所示：

$$J = S \times e \tag{7-6}$$

式中，J 表示降污净化功能价值；S 表示海滩面积（千顷）；e 表示沙滩生态系统除污净化功能单位面积价值。根据计算结果可知，2016 年东山岛海滩生态系统服务降污净化价值为 161.72 万元。据马銮湾与金銮湾旅游人数百分比计算得出马銮湾海滩生态系统服务降污净化价值为 96.73 万元，金銮湾海滩生态系统服务降污净化价值为 64.99 万元。

第五节　东山县海滩生态系统服务构成分析

2016 年东山县海滩生态系统服务总价值约为 2.93 亿元，单位面积价值为 499.21 元/平方米·年。其中，马銮湾海滩生态系统服务总价值约为 1.75 亿元，单位面积价值为 881.96 元/平方米·年，金銮湾海滩生态系统服务总价值为 1.18 亿元，单位面积价值为 303.30 元/平方米·年。

海滩产生的直接价值在生态系统服务价值中占据绝大部分比重，即旅游娱乐价值占据 95.64%，间接价值仅占总价值的 4.36%；间接价值中又以护岸价值最高，比重为 2.64%，其次为科研文化价值，比重为 0.79%，以及降污净化与水分调节价值，比重分别为 0.55% 及 0.38%（见表 7-2）。旅游娱乐价值远远大于其他类型生态系统服务价值，占据最大比重，可知旅游娱乐是东山县海滩最主要的生态系统服务功能。除了旅游娱乐价值之外，护岸价值还是重要的生态系统服务功能之一。由此可以推测，东山县海滩首先是以旅游娱乐价值及护岸价值为主，其次为科研文化价值以及降污净化价值，水分调节价值最低。

表 7-2 东山岛海滩生态系统服务价值构成及所占比例

服务价值	功能构成	马銮湾价值（万元/年）	金銮湾价值（万元/年）	总计		
				价值（万元/年）	马銮湾各价值百分比（%）	金銮湾各价值百分比（%）
直接价值	旅游娱乐	16751.48	11254.52	28006	95.64	95.64
间接价值	护岸	461.99	310.39	772.38	2.64	4.36
	水分调节	67.17	45.12	112.29	0.38	
	科研文化	138.42	92.99	231.41	0.79	
	降污净化	96.73	64.99	161.72	0.55	
总价值		17515.78	11768.02	29283.89	100	100

资料来源：笔者自行调查测算编制。

第六节 结论与对策

一、结论

本章利用调研和统计资料，研究评估 2016 年福建省东山县马銮湾、金銮湾海滩生态系统服务总价值消耗结构。研究结果如下：

2016年东山县马銮湾、金銮湾海滩生态系统服务总价值约为2.93亿元，单位面积生态系统服务价值为499.21元/平方米·年。马銮湾海滩生态系统服务总价值为1.75亿元，单位面积价值为881.96元/平方米·年，高于金銮湾海滩生态系统服务总价值的1.18亿元，以及单位面积价值的303.30元/平方米·年。

在东山县海滩生态系统服务价值中，首先是旅游娱乐价值占据最大比重，其次是护岸价值。生态系统服务首先以旅游娱乐（95.64%）为主，其余依次为护岸功能（2.64%）、科研文化功能（0.79%）、降污净化（0.55%）、水分调节服务（0.38%），不同生态系统服务之间的价值差异较大，在开发过程中，发展旅游娱乐的同时可以适当地提升护岸价值、科研文化价值以及降污净化价值、水分调节价值，促进研究区域各项生态系统服务协调发展。

二、相关对策

针对如何提升东山岛海滩生态系统服务价值，本章提出以下四项对策：

（1）引入可持续发展理念。将海滩开发与保护融为一体，以实现生态环境保护和社会经济发展的良性互动。这可以通过制定明确的海滩保护规划与开发标准来实现。

（2）加强海滩监测和管理。制订合理的水质管理和海滩维护计划，确保海滩的生态系统健康和管理的有序性。监测项目应覆盖海滩生态系统的不同方面，例如沙滩宽度、海水质量、生态多样性等。

（3）推广生态旅游。开展以体验海滩生态和文化为主题的旅游项目，利用海滩独特的自然环境和民俗文化特色，创新旅游产品和服务，扩大游客规模和经济效益。让人们意识到保护环境和资源的重要性。

（4）支持当地社区参与。鼓励当地社区组织参与海滩保护和生态建设，发挥政府部门、非政府组织和当地社区力量的协同作用。同时制定相应的政策和资金扶持计划，帮助当地社区改善生活，促进可持续发展。

参考文献

［1］黎清华，张彦鹏，齐信，等．地质调查支撑服务海南生态文明建设探索与实践［J］．华南地质，2022，38（2）：209-225.

［2］杨波，孙晓峰，刘昱，等．2022 年海岸带生态修复科技热点回眸［J］．科技导报，2023，41（1）：249-260.

［3］游远新．福建东山八尺门海域现代沉积物分布特征及其冲淤演化过程［J］．渔业研究，2022，44（1）：9.

［4］赵嘉阳，王文辉，靳全锋，等．基于 EOF 的福建省降水量时空变化特征分析［J］．重庆理工大学学报（自然科学版），2017，31（2）：73-79.

［5］Costanza R，D'Arge R，de Groot R S，et al. The Value of the World's Ecosystem Services and Natural Capital［J］. Nature，1997（387）：253-260.

［6］刘佳，纪晓萌．国际海洋旅游研究演进脉络、热点与展望［J］．中国海洋大学学报（社会科学版），2022（5）：33-44.

［7］杨鑫，海新权，杨玉婷．基于 Meta 分析的张掖黑河湿地生态系统服务价值评估［J］．生态与农村环境学报，2023，39（1）：60-68.

［8］陈鹏．厦门湿地生态系统服务功能价值评估［J］．湿地科学，2006，4（2）：101-107.

［9］王瑞卿，张明祥，武海涛，等．从《中华人民共和国湿地保护法》解析湿地定义与分类［J］．湿地科学，2022，20（3）：404.

［10］谢高地，甄霖，鲁春霞，等．一个基于专家知识的生态系统服务价值化方法［J］．自然资源学报，2008，23（5）：911-919.

［11］陈仲新，张新时．中国生态系统效益的价值［J］．科学通报，2000，45（1）：17-23.

［12］李志勇，徐颂军，徐红宇，等．雷州半岛近海海洋生态系统服务功能价值评估［J］．华南师范大学学报，2012，44（4）：133-137.

第八章　利益相关者对东山岛木麻黄林生态系统服务的认知度评价

生态系统服务的概念于 20 世纪 60 年代被提出，并在 1997 年迎来了生态系统服务研究的蓬勃发展（孙佼佼和郭英之，2023）[1]。许多研究者针对生态系统服务进行了多重定义，Costanza（1997）[2] 将生态系统服务定义为人类通过生态系统功能直接或者间接地获得的益处，而李杨帆等（2022）[3] 将生态系统服务分为调节服务、支持服务、文化服务和供给服务四种。木麻黄具有生长速度快、防风固沙等优良特性，极大地改善了福建省滨海地区生态环境，促进了地区工农业生产的发展（沈健等，2023）[4]。国内学者对南方滨海木麻黄林生态系统的研究主要在服务功能、生态效应和栽培养护方面（林考焕等，2017；黄煜等，2022；李天卓等，2017）[5-7]，较少探究利益相关者对其生态服务功能的探究。

基于以上研究的不足，本章选择以东山岛木麻黄林生态系统的旅游者、当地社区居民、当地旅游业经营者和当地政府四个核心利益相关者为研究对象，调查研究这些主要的不同利益相关者对东山岛木麻黄林生态服务系统的认知程度、环境保护意愿支付额度和认为未来旅游开发将面临的问题及应当采取的措施。本章通过条件价值评估法对这些重要利益相关者的生态认知度进行综合调查，以期望提出东山岛木麻黄林的修复保护措施，同时提高利益相关者的环境保护意识。

第一节　研究区域概况

东山岛位于福建省东部沿海地区南端，介于东经 117°17′~117°35′、北纬 23°33′~23°47′，总面积约为 220.18 平方千米，是福建省的第二大海岛。东山岛南北长而东西窄，岛内海拔都不高，其最高峰苏峰山也仅有 274.3 米。地势走向为西北高东南低，地貌顺序依次为低矮丘陵、台地、滨海小平原（海拔高度在 15 米以下）。东山岛属于亚热带海洋性季风气候，年均气温 20.8℃，光照充足，热量丰富。气候温暖，冬无严寒，夏无酷暑。全年降水集中在 5~9 月，多年平均降水量 1103.8 毫米。东山岛是福建沿海大风区之一，夏季多台风和暴雨，年均受台风影响 5.1 次。常年受东北风侵袭，8 级以上大风年均天数 105 天，多年平均风速为 7 米/秒（黄美金等，2022）[8]。由于季风的吹扬、堆积、搬运等的作用，向岛内陆地逐渐蔓延，形成了长期受风灾气候、沙质土壤和人类活动的影响，原生植被早已不复存在。现存植被均为人工种植的次生植被，包括要以木麻黄（Casuarina spp.）为主，兼有马尾松（Pinusmassoniana）、黑松（Pinus thunbergii）、相思树（Acacia confusa）等树木的防护林，以及农业植被等。特点为防护林多，用材林、经济林、混交林少，群落类型少，树种结构单一（高伟等，2013）[9]。

东山岛防护林类型划分是依据防护林生态系统结构和生态过程特点，结合该区防护林实际存在的类型和利用状况、防护功能、空间分布特征及研究的便利性，将东山岛上的木麻黄林按照功能用途划分为五种类型：公路防护林、农田防护林、水土保持林、海岸防护林、防风固沙林。①公路防护林以木麻黄、黄连木、潺槁树、麻竹、露兜、黄连木、榕树、朴树等群落为主。村镇及公路两旁植树，保护人民财产安全、改善生态环境，形成了独特的沿海村镇、公路景观和绿色屏障。②农田防护林网以木麻黄、湿地松、潺槁树和麻竹群落为主。根据岛上的自然条件及农业生产方式，分别采取了网格林带、农林符合种植和交错片林等生产经营技术，在滨海小平原的农田区域建设了农田防护林网，这也是沿海防护林体系的重要组成部分。极大地改善了农田生态环境，保障了当地农民的生产劳动成果。③沿海纵深水土保持林以木麻黄、潺槁树、龙眼、荔枝和相思树群落为主。间有竹林、果林等商品林，既有利于提高经济收益，同时还具有水土保持的功能。④沿着马銮—冬古—山口—沃角（皆为村名）海岸线分布有宽约200米的木麻黄海岸防护林带，是东山岛东面沿海防护林的主体。间有相思树林、马尾松林分布。⑤海岸前缘防风固沙林带主要以海边月苋莱、老鼠刺、后藤群落为主，间有少量木麻黄林。分布于沙质海岸带上，宽100～200米，这些固沙植物具有良好的耐盐碱和耐贫瘠土壤的特性（黄义雄，2013）[10]。

自20世纪60～70年代谷文昌领导大规模种植木麻黄以来，数十年过去了，如今的东山岛环境优美，风景秀丽，是热门的旅游海岛，旅游事业如火如荼。可是，伴随着旅游业的开发和经济增长，大面积的木麻黄林带被破坏，被用于建设旅游娱乐设施或房地产项目。林带中的木麻黄树大多已经处于老化状态，林木出现了折枝、断梢、枯死现象，二代林木更新不良，林木数量减少，防护林带正在逐渐变得稀疏[11]。

第二节　研究方法与数据来源

一、研究方法

在生态系统服务认知度调查的相关研究中，常常运用问卷调查的形式

（黄明华等，2018；孙佼佼等，2023；张宇硕等，2023）[12-14]。以调查对象的条件所反映出的数据信息，辨明人们关于公共资源的认知偏好。本章采用这一方法对游客、当地居民、旅游经营者、当地政府等重要的利益相关者进行随机抽样调查，分析木麻黄林的社会经济效益。当地政府是东山岛发展生态旅游的调控者，是生态旅游建设的总体利益和发展目标的代言人，能够控制、协调、引导、规范其他利益相关者的行为；当地社区居民是生态旅游建设的参与者和受益者；旅游经营者是生态旅游的执行者；游客是生态旅游的实践者。

二、数据来源

本次调查于2019年11~12月到东山岛的马銮湾、金銮湾等各个景区及其周边，以及政府有关部门，对各类利益相关者发放问卷，共发放250份纸质问卷，共回收有效问卷234份；于同一时间段，通过网络问卷的形式对曾经到访过东山岛的游客进行网络调查，共回收53份有效问卷。其间总共回收了287份有效问卷。问卷调查了这些受访者的基本个人信息、对东山岛木麻黄林生态系统的满意度与关注度、对木麻黄林生态系统服务的认知了解程度和生态支付意愿等多个问题，运用SPSS（社会科学统计软件包）全面分析他们对木麻黄林生态系统服务的认知、影响因子等。问卷上还大概介绍了木麻黄林生态系统的生态服务功能，以期能够对各利益相关者进行适当的科普作用，提高他们对木麻黄林的生态认知和重视程度。

第三节　样本特征

由表8-1可知此次受访者的基本信息，所占人数最多的利益相关者群体是旅游者，占据了样本数据的67%。旅游者中，女性略多于男性，占53.65%，男性占 46.35%；年龄集中在 18～40 岁，未成年人占 13%，18～30 岁的占 46.4%，31～40 岁的占 35.4%，41～59 岁的占 3.1%，60 岁及以上的占 2.1%；在受教育程度上，以高中或中专和大学及大专的人数为主，占 69%，受教育程度普遍较高。当地居民包括了从事旅游服务行业以及其他行业的东山岛当地社区住户，占据了总体数据的 13.9%。在受访的当地居民中，男性占 40%，女性占 60%；其年龄层以中老年人为主，18 岁以下占 7.5%，18～30 岁的占 10%，31～40 岁的占 40%，41～59 岁的占 25%，60 岁及以上的占 17.5%；有 75%的人仅受过初中及以下教育，受教育程度普遍不高。当地政府部门人员包括了乡镇基层工作人员、赤峰国有林场管理人员以及县政府有关部门工作人员，占据了总体数据的 16.6%。在受访的当地居民中，男性占 68.4%，女性占 31.6%；其年龄层以中年为主，18～30 岁的占 26.3%，31～40 岁的占 47.4%，41～59 岁的占 26.3%；84.2%的人受过大学及以上教育，普遍具有较高学历。旅游业经营者包括了在当地经营交通运输、餐饮零售以及景区管理等服务项目的外地人口，占据了总体数据的 11.8%。在受访的当地居民中，男性占 47.1%，女性占 52.9%；年龄在 18～30 岁的占 8.8%，31～40 岁的占 20.6%，41～59 岁的占 58.8%，60 岁及以上的占 11.8%；47.1%的人仅有初中及以下学历，47.1%的有高中或中专学历，罕有大学及以上文化程度的人。

表 8-1　受访者基本特征　　　　　　　　　　　　　单位：人

要素	属性	旅游者	当地居民	当地政府	旅游经营者	其他
性别	男	89	16	13	16	2
	女	103	24	6	18	0
年龄	<18 岁	25	3	0	0	0
	18～30 岁	89	4	5	3	1
	31～40 岁	68	16	9	7	1
	41～59 岁	6	10	5	20	0
	≥60 岁	4	7	0	4	0

要素	属性	旅游者	当地居民	当地政府	旅游经营者	其他
文化学历	初中及以下	39	30	2	16	0
	高中或中专	75	8	1	16	0
	大学	67	2	13	2	1
	研究生及以上	11	0	3	0	1
总计		192	40	19	34	2

第四节 利益相关者对木麻黄林生态系统服务的活动方式及认知度分析

一、活动方式

不同利益相关者对东山岛木麻黄林生态系统服务的利用方式不同，在木麻黄林生态系统进行的活动也不同，本章调查了相关者 3 项主要活动（见表 8-2）。旅游者全是为了旅游观光而前往东山岛海滨，其中分别有 11.98%、21.88% 和 6.25% 的游客兼具休闲健身、社交拓展与寻找艺术灵感的活动目的。这些游客来东山岛滨海旅游的频率较低，绝大多数游客只前往东山岛旅游一次，只有少数游客会重复前往旅游观光。当地居民的主要活动内容为休闲健身、旅游服务、社交和农业生产，分别占 70%、25%、25% 和 17.5%。其前往木麻黄林及周围区域的频率较高，多数人员几乎每天都会前往。当地政府部门人员在木麻黄林区的活动内容丰富，68.42% 的人会前往休闲健身，42.11% 的人会进行社交活动。该群体前往木麻黄林及周围区域的频率高。全部旅游经营者都会进行旅游服务活动，35.29%的人常常在木麻黄林附近区域休闲健身。

表8-2　各利益相关者前往东山岛的木麻黄林林区的活动　　　单位：%

相关类型	农业生产	旅游观光	休闲健身	艺术采风	旅游服务	公益活动	科研考察	社交活动	其他
旅游者	0.00	100.00	11.98	6.25	0.00	0.00	2.60	21.88	2.08
当地居民	17.50	5.00	70.00	2.50	25.00	0.00	0.00	25.00	17.50
政府部门	0.00	21.05	68.42	2.50	10.53	26.32	21.05	42.11	15.79
旅游经营者	5.88	8.82	35.29	8.82	100.00	0.00	0.00	11.76	5.88
其他	0.00	100.00	11.98	6.25	0.00	0.00	2.60	21.88	2.08

二、认知度分析

根据历年来专家学者对生态系统服务类型的划分，结合东山岛木麻黄林生态系统的具体情况，问卷重点调查了属于调节服务的"防风固沙""涵养水源，保持水土""固碳释氧，净化空气"，属于供给服务的"提供木材及燃料"和"作物增产"，还有分别属于文化服务和支持服务的"优美景色"和"生物栖息地"。

由图8-1可知，无论何种利益关系，大多数受访者都认为"防风固沙"和"提供优美环境"是东山岛木麻黄林生态系统最重要的服务功能。旅游者、当地居民、当地政府和旅游业经营者对"防风固沙"的认知人数分别占据了86.35%、77.5%、73.68%和79.41%；对"提供优美景色"的认知人数也高达75%、85%、72.63%和94.12%，表明了人们对木麻黄林防风固沙功能和美化风景环境的重视。接下来得到普遍认知的生态功能分别是"涵养水源，保持水土""固碳释氧，净化空气"和"提供生物栖息地，丰富物种多样性"这类森林生态系统都具有的生态功能。

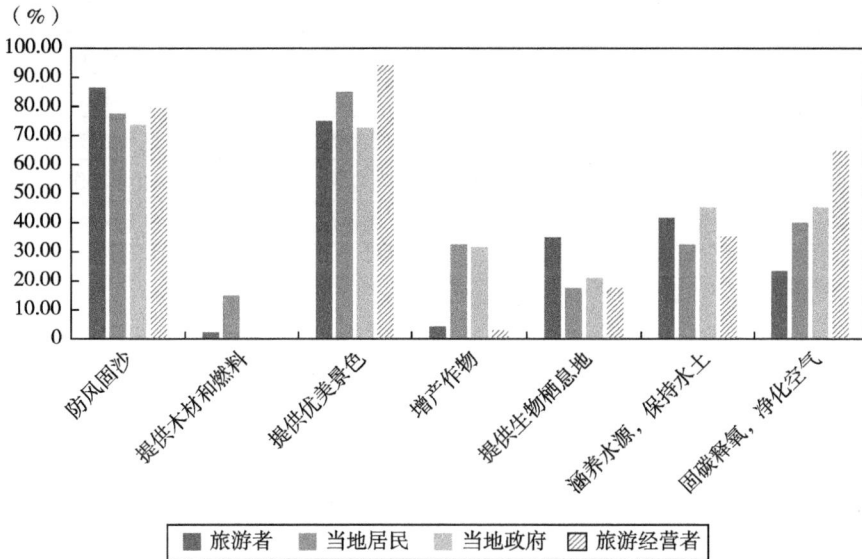

图 8-1　各利益相关者对东山岛木麻黄林主要生态功能的认知

资料来源：笔者自行调查编制。

当地居民对木麻黄林生态系统服务的各项服务功能具有全面性的认知，对木麻黄林生态系统服务的整体认知度较高。既包括被广泛认知的支持服务、文化服务和调节服务，也包括"提供木材或燃料"和"增产作物"等供给服务。对于总体所有利益相关者而言，对木麻黄林的生态服务认知度依次是：调节服务>文化服务>支持服务>供给服务。各利益相关者对具体的各项服务功能认知度排序如表 8-3 所示。

表 8-3　各利益相关者眼中木麻黄林的主要功能排序

排序	旅游者	当地居民	当地政府	旅游经营者
1	防风固沙	防风固沙	防风固沙	提供优美景色
2	提供优美景色	提供优美景色	提供木材和燃料	防风固沙
3	涵养水源，保持水土	固碳释氧，净化空气	提供生物栖息地	固碳释氧，净化空气

排序	旅游者	当地居民	当地政府	旅游经营者
4	提供生物栖息地	增产作物	增产作物	涵养水源，保持水土
5	固碳释氧，净化空气	涵养水源，保持水土	涵养水源，保持水土	提供生物栖息地
6	增产作物	提供生物栖息地	固碳释氧，净化空气	增产作物
7	提供木材和燃料	提供木材和燃料	提供优美景色	提供木材和燃料

资料来源：笔者自行调查编制。

第五节　木麻黄林的生态效益及经济效益分析

经过众多专家学者多年来的研究，发现了木麻黄林带具有极高的生态效益和经济效益，论证了对木麻黄林的生态保护和建设对地区生态、经济建设是至关重要的，是极其具有价值性的（谭向平等，2022）[15]。

木麻黄具有许多效益，生态效益是其最基本的效益。木麻黄具有的生态功能突出表现为改善大气、保持水土、保护农田、涵养水源等，防风固沙是木麻黄作为滨海防护林最突出的生态效益之一。木麻黄林能够显著降低风速，极大地减小海风灾害带来的损失。风速降低之后，风沙、扬尘也都减缓甚至停下了移动的步伐，再加上木麻黄树牢牢地扎根沙地，展现了其固沙的功能。具有屏障作用的木麻黄林，使其防护区内风力较小，形成了适宜农业作物和自然植被生长、生存的有利环境。木麻黄林还有改良土壤的能力，可以降低土壤的 pH 值，其根系、掉落的枝叶和附生的微生物还能增加土壤的有机物质，改善沙土的理化性质，提高土壤生物活性等。森林作为陆地生态系统的主体，是地球上最重要的碳库，其在碳氧平衡上有着非常重要的作用。木麻黄是非常优秀的碳汇树种，其汇碳效果显著。可以有效减轻温室效应对东山岛的影响。虽然东山县地理条件上降水充沛，但是风沙肆虐、土壤贫瘠、土壤保水能力差、水分匮乏。木麻黄的树冠可以截留降水，枯枝落叶提升地表含水量，根系还可以截留土壤中的水分，具有较大的水源涵养功能（魏同洋，2015）[16]，如表8-4所示。

表8-4　木麻黄林与其他防护林木涵养水源价值对比

涵养水源	木麻黄林	台湾相思树林	湿地松林	黑松林
水源量（立方米/公顷·年）	317.83	379.60	5.80	158.15
价值（万元/年）	1941.97	2319.33	35.42	966.30

资料来源：魏同洋.生态系统服务价值评估技术比较研究［D］.北京：中国农业大学，2015.

有学者研究表明，木麻黄林带对大麦产量、千粒重、粗蛋白和粗淀粉含量具有明显的增产效益和提高作物品质的作用（魏同洋，2005）[16]（见表8-5）。

表8-5　防护林带对大麦的增产效应

观测因子	旷野	与林带距离								
		−10H	−6H	−3H	3H	6H	10H	15H	25H	32H
产量（千克/公顷）	1532	1732	1952	2025	2175	2526	2417	1907	1365	1875
千粒重（克）	28.0	28.5	29.0	29.1	29.7	31.4	30.5	29.5	27.8	28.8
粗蛋白含量（%）	8.1	7.8	7.6	7.4	6.8	6.7	7.2	7.4	7.5	7.3
粗淀粉含量（%）	33.3	33.4	33.5	34.8	35.0	36.6	34.5	33.8	33.6	34.0

资料来源：魏同洋.生态系统服务价值评估技术比较研究［D］.北京：中国农业大学，2015.

木麻黄所带来的生态效益远远大于它的经济效益，是维持滨海地区生态平衡的关键树种，对于沿海地区的生态安全起着重要作用。

第六节　木麻黄林存在的主要问题

林木的逐渐稀疏化，导致了东山岛滨海木麻黄林的总体质量正在下降，难以发挥其原有的防护功能。经过前人学者的研究发现，其中既有生产建设的破坏的人为因素，也有环境演替及病虫害侵袭的因素。木麻黄多种植于 20 世纪六七十年代，数十年后，林木逐渐出现断梢、折枝、老化枯死现象。部分地区的木麻黄林被大面积破坏，被用于开发房地产或娱乐设施。农田林网达标面积不足，而且林网正不断地遭受"蚕食"，农田防护林网的控制率逐年下降。病虫害严重，木麻黄林带主要遭受的病害有青枯病、肿枝病等；主要遭受的虫害有龙眼蚁天社蛾、星天牛、吹绵蚧等。环境绿化建设进展缓慢，原本木麻黄林的结构简单，树种过于单一，林木成分质量不高，后来又引进了湿地松、大叶相思树等树种，尽管这些树种生长状况不错，但都是在木麻黄的保护下种植的，目前尚未有可以替代木麻黄的直接临海、站在抗风一线的其他树种。因为独特的地理气候，东山岛每年受台风灾害的影响严重，植被都遭受了一定损害。

下表展现的是各利益相关者眼中木麻黄林所面临的主要问题。调查结果体现了各利益相关者对木麻黄林带面临的各项问题的重视程度。

由表8-6可见，不同利益相关者对木麻黄林所面临的最严峻问题的见解大同小异。有 26.11% 的受访者认为木麻黄林面临最大的问题是为了经济发展而破坏林木、建设旅游娱乐设施和房地产项目；有 18.49% 的受访者认为是生态绿化建设进程缓慢问题；林带的老化枯死、稀疏化等自然演替问题，台风等自然灾害问题，人为砍伐、农田对林带的"蚕食"问题也不容忽视；病虫害问题对木麻黄林带也具有一定的破坏性。

表8-6　木麻黄林存在的主要问题　　　　　　　　　单位：%

主要问题	旅游者	当地居民	当地政府	旅游经营者	整体
林木自然老化枯死、稀疏化	12.9	15	21.05	23.53	14.90
经济开发造成的大规模林带面积减少	27	32.5	26.32	15	26.11
台风等自然灾害的破坏	16.13	17.5	10.53	20.59	16.37
人为砍伐、农田对林带的"蚕食"	17.42	10	15.79	11.76	15.49
绿化建设进程缓慢	18	15	21.05	25	18.49
病虫害	7.84	10	5.26	3	7.34

资料来源：笔者自行调查编制。

　　木麻黄林生态系统面临着诸多问题，那今后东山岛的经济和生态发展建设，就应该面对这些问题，然后减少或解决这些问题对岛上木麻黄林生态系统的影响，以期改善生态环境，为持续旅游业的发展提供助力。

第七节　利益相关者对木麻黄林生态建设的认知度分析

　　生态系统的服务对象是人类，东山岛木麻黄林系统服务的建设也应该满足各利益相关者的生产、生活及娱乐休闲需要。那么在今后东山岛的生态和旅游经济建设中要如何处理木麻黄林带的问题上，是否也存在着不同看法呢？就不同利益相关者对今后旅游开发过程中如何处理木麻黄林带的问题，咨询了受访者的意见。

由表8-7可知，无论受访者与木麻黄林生态系统是何种利益关系，50.87%的利益相关者都希望能够将林木保护建设与旅游业的开发相结合，发展生态旅游业。还有22.65%和15.68%的利益相关者分别认为应该增加林木数量、增大林带面积、减缓旅游经济发展或者保持现有林带规模、稳步发展旅游业。只有少数的相关者希望重点进行生态保护建设、降低旅游业的开发和减少林带、用以建设旅游经济设施这类相对极端的发展模式。

表8-7 利益相关者对木麻黄林生态建设的认知度分析 单位:%

主要问题	旅游者	当地居民	当地政府	旅游经营者	整体
减少林带，用以建设旅游经济设施	1.56	2.50	10.53	8.82	3.14
保持现有林带规模，稳步发展旅游业	11.98	27.50	21.05	20.59	15.68
增加林木数量，增大林带面积，减缓旅游经济发展	26.56	15.00	15.79	14.71	22.65
林木保护建设与旅游开发相结合，发展生态旅游业	53.13	45.00	47.37	50.00	50.87
重点进行生态保护建设，降低旅游业的开发	6.77	10.00	5.26	5.88	6.97

资料来源：笔者自行调查编制。

生态旅游是可持续发展旅游业的一种实现形式，符合我国旅游业发展的生态文明导向，今后必将成为东山岛乃至全国旅游开发建设的方向。生态旅游的发展必然要对自然友好，这不仅需要减少对木麻黄林的破坏，更需要政府主导监督，旅游企业遵循开发与保护并举的原则，游客与当地居民提高自身素养，共同参与环境保护和绿化建设。东山岛要发展生态旅游，木麻黄林的生态系统服务价值也必将有所变动。减少对林带的破坏，并进行保护绿化，防护林生态系统服务价值必然会增加。

第八节　利益相关者对旅游开发的支持和支付意愿及其影响因素

一、各利益相关者对东山岛木麻黄林生态系统服务的支付意愿

生态系统服务支付被学术界广泛应用于开展生态系统服务价值评估研究，其将从生态系统中获得的社会经济福利反哺自然生态系统，即通过生态系统服务支付为生态建设和环境保护提供资金，以促进生态系统的可持续发展，为生态旅游的开发提供基础（刘香华等，2022）[17]。

问卷调查了各利益相关受访者对东山岛木麻黄林生态系统服务的支付意愿，然后根据各支付意愿在受访者中的人数，以及支付意愿在其收入中的占比，推导出用以计算各利益相关者的意愿支付金额的公式：

$$P = \frac{\sum_{i=1}^{n} W\alpha_k\beta_k N}{N} \tag{8-1}$$

式中，P 表示意愿支付金额；N 表示有支付意愿的样本量；i 表示受访者个数；W 表示 2019 年全国人均可支配收入；α 表示意愿支付金额取值（取选项区间的中间值）；K 表示利益相关者类型；β 表示支付意愿在受访者中的占比；N 表示该利益相关类型受访者总人数。

最终的结果汇总为表 8-8，在生态支付意愿上，从生态系统服务中获得经济红利最多的旅游经营者的生态支付意愿最高，平均每人每年为 70.05 元；其次是当地社区居民和政府部门人员，平均每人每年为 65.70 元和 62.27 元；最后是游客，许多游客不愿意支付生态补偿费用或只愿意支付少许费用，其平均值为 31.07 元。

表 8-8　各利益相关者对东山岛木麻黄林生态系统服务的支付意愿

愿意为东山岛木麻黄林生态系统服务建设支付的金额在您的总收入中的占比（%）	支付金额计算取值 α	各支付意愿在受访者中的占比 β			
		旅游者（%）	当地社区居民（%）	当地政府部门人员（%）	旅游经营者（%）
0	0	23.04	12.50	0.00	11.76
0~0.1	0.05	52.17	27.50	10.53	8.82
0.1~0.2	0.15	8.70	12.50	68.42	26.47
0.2~0.3	0.25	8.70	17.50	5.26	32.35
0.3~0.5	0.40	4.35	25.00	10.53	14.71
0.5~1	0.75	3.04	5.00	5.26	5.88
>1	1.00	0.00	0.00	0.00	0.00
求得的意愿支付金额（元/人·年）		31.07	65.70	62.27	70.05

二、影响利益相关者对木麻黄林生态系统服务认知的因素分析

根据不同利益相关类型受访者的生态支付意愿来分析其生态系统服务认知影响因数，是学术界常用的研究方法。将各影响因素中存在生态支付意愿的人数在受访者人数中的比例（即意愿支付率）整理为如表 8-9 所示。

表 8-9　支付意愿影响因数　　　　　　　　　　　　单位：%

要素	属性	旅游者	当地居民	当地政府部门人员	旅游经营者
性别	男	66.02	81.25	100.00	90.36
	女	67.41	83.33	100.00	83.33
年龄	<18 岁	64.00	33.33		
	18~25 岁	84.27	100.00	100.00	100.00
	26~40 岁	75.00	81.25	100.00	100.00
	41~59 岁	66.67	100.00	100.00	90.00
	≥60 岁	50.00	71.42	100.00	50.00

续表

要素	属性	旅游者	当地居民	当地政府部门人员	旅游经营者
文化学历	初中及以下	56.41	80.00	100.00	62.50
	高中或中专	84.00	87.50	100.00	75.00
	大学	77.61	100.00	100.00	100.00
	研究生及以上	100.00		100.00	
前往木麻黄林频率	极少	75.84		100.00	
	偶尔	92.86		100.00	
	有时		71.43	100.00	
	经常		71.43	100.00	80.00
	几乎每天		88.46	100.00	89.66

注：百分比=该利益相关者类型属性值频数/该利益相关类型受访者人数×100%。

由表8-9中，可以直观地看出各因素对不同利益相关者生态支付意愿的影响。影响利益相关者对木麻黄林生态系统服务认知的因素有很多，其中年龄、文化水平、接触木麻黄林区的频率等都对生态支付意愿有一定的影响，结合之前分析的活动内容的多样性和从木麻黄林生态系统服务中取得的价值效益对支付意愿的影响，其规律大致为以下四点：①随着生态教育的普及，成年的利益相关者意愿支付率呈年轻化，意愿支付率最高的年龄层为18~40岁；②随着文化学历的增高，意愿支付率也在增高，该因数影响程度较高；③性别对意愿支付率无太大影响；④与木麻黄林区的接触频率具有极高的影响力，接触频率越高，其意愿支付率也越高。

当地居民生活在木麻黄林带周边，虽然受教育水平总体最低，但其与木麻黄林区的接触最为密切，活动内容最为丰富多样，因此当地居民对生态系统服务功能的认知更广泛，认知程度最高。

·105·

第九节　结论与对策

一、结论

通过对东山岛木麻黄林生态系统服务不同的利益相关者的生态服务功能认知与支付意愿进行调查研究，主要结论有以下五个：

（1）年龄、文化水平、接触木麻黄林区的频率、活动内容的多样性和从木麻黄林生态系统服务中取得的价值效益等不同因素，不同程度地影响着东山岛木麻黄林生态系统服务的不同利益相关者对生态系统服务的认知和环境支付意愿。

（2）在不同利益相关者眼中，东山岛木麻黄林生态系统面临的最主要问题有所差异，但总体上有 26.5% 的受访者认为木麻黄林面临最大的问题是为了经济发展而破坏林木、建设旅游娱乐设施和房地产项目；其次有 19.5% 的受访者认为是生态绿化建设进程缓慢问题。

（3）不同利益相关者对于东山岛木麻黄林生态系统各项服务功能的认知程度各不相同，最受广泛认知的服务为调节服务和文化服务，而只有当地居民对其供给服务有一定的认知。

（4）48% 的利益相关者在今后东山岛旅游规划方向上，都支持林木保护建设与旅游开发相结合，发展生态旅游业。生态旅游业的发展将提高生态系统的文化服务、调节服务和支持服务价值。还有 22% 和 20% 的利益相关者分别认为应该增加林木数量、增大林带面积、减缓旅游经济发展或者保持现有林带规模、稳步发展旅游业。

（5）首先是旅游经营者的生态支付意愿最高，平均每人每年为 70.05 元；

其次是当地社区居民和政府部门人员，其平均值分别为65.70元和62.27元；最后是游客，许多游客不愿意支付生态补偿费用或仅愿意支付少许费用，其平均值为31.07元。

二、相关对策

为了更好发挥木麻黄林生态系统服务价值，应循序渐进。环境保护与经济建设并举，与旅游发展相结合，在发展大众旅游的同时，开发生态旅游。在东山岛木麻黄林生态系统服务的恢复建设中，可参考以下几点意见：

（1）要充分发挥东山县政府部门的调控与监督的职能，制定科学的生态旅游规划和管理制度。加强各景区的生态宣传教育力度，提高旅游业经营者的社会责任意识和自律行为，让居民树立环境保护意识，增强旅游者自觉维护生态环境的意识，让所有利益相关者共同参与东山岛的生态旅游发展。

（2）将来在发展经济、规划东山岛滨海旅游城市建设时，要减少对木麻黄林林带的破坏，建设旅游娱乐设施和房地产项目时，应以现有老旧居住区为主要改造建设用地。

（3）要充分发挥木麻黄林生态系统的调节服务和文化服务，制定贯穿马銮湾、风动石等多个景区的生态游览线路，减少人类对自然生态的不利影响，使人与自然和谐共处。

（4）推进生态绿化建设，保持马銮—冬古—山口—沃角一线的木麻黄林带的生态防护功能。植树造林，帮助木麻黄林带的二代更新进程，科学地扩大林带规模，间植潺槁树、老鼠刺、大叶相思、马尾松等各种适宜植被，丰富生态系统的物种多样性。

（5）建立生态环境税费制度，施行生态补偿，对环境建设资金的筹备以及利益相关者正确环境保护意识的树立具有较大意义。可以在小范围内进行试点，再逐渐推广，最终建起一套科学的生态补偿机制。

参考文献

[1] 孙佼佼，郭英之．自然保护地数字文化生态系统服务质量测度与出游意愿效应——以中国五地国家公园网络空间为例［J］．自然资源学报，2023，38（4）：983-994．

[2] Costanza R，D'Arge R，De Groot R，et al. The Value of the World's Ecosystem Services and Natural Capital［J］．Nature，1997，387（6630）：253-260．

[3] 李杨帆，张倩，向枝远，等．基于生态系统服务的海洋空间开发适宜性评价方法及应用［J］．自然资源学报，2022，37（4）：999-1009．

[4] 沈健，何宗明，董强，等．滨海防护林土壤 CO_2 排放和土壤因子对计划火烧的响应［J］．水土保持学报，2023，37（1）：254-261．

[5] 林考焕，叶功富．不同生态景观条件下滨海沙地木麻黄人工林抗虫害性能研究［J］．亚热带水土保持，2017，29（2）：16-20．

[6] 黄煜，李海生，伍凯瀚，等．惠州平海湾沿海沙滩沙生植被资源现状研究［J］．生态科学，2022，41（3）：72．

[7] 李天卓，全吉文，郭欣，等．木麻黄防护林优良无性系选育试验［J］．绿色科技，2017（3）：109-110．

[8] 黄美金，俞小鼎，林文，等．福建沿海冷锋前暖区和季风槽大暴雨环境背景与对流系统特征［J］．气象，2022，48（5）：605-617．

[9] 高伟，叶功富，卢昌义，等．福建东山岛海岸带风水林数量分类与排序［J］．Journal of Central South University，2013，33（8）：117-121．

[10] 黄义雄．福建滨海木麻黄防护林生态功能研究［D］．沈阳：东北师范大学，2013．

[11] 孔景．南麂岛木麻黄生存群落空间分布及环境解释［J］．生态与农村环境学报，2022，38（7）：882-889．

［12］黄明华，梁晨，敬博，李小龙. 海岛型城镇山水空间特色营造——以福建省东山县双东湖片区为例［J］. 规划师，2018，34（10）：71-76.

［13］孙佼佼，郭英之. 自然保护地数字文化生态系统服务质量测度与出游意愿效应——以中国五地国家公园网络空间为例［J］. 自然资源学报，2023，38（4）：983-994.

［14］张宇硕，刘博宇，毕旭，等. 基于利益相关者感知视角的生态系统服务研究进展［J］. 自然资源学报，2023，38（5）：1300-1317.

［15］谭向平，汤萱，郭惠斌，等. 华南地区人工林现状与可持续经营对策［J］. 陆地生态系统与保护学报，2022，2（5）：102-108.

［16］魏同洋. 生态系统服务价值评估技术比较研究［D］. 北京：中国农业大学，2015.

［17］刘香华，王秀明，刘谓承，等. 基于外溢生态系统服务价值的广东省生态补偿机制研究［J］. 生态环境学报，2022，31（5）：1024.

第九章　游客对东山岛马銮湾沙滩生态系统服务认知的调查与分析

随着我国海洋旅游业的迅速发展，沙滩旅游及其生态系统服务也成为研究热点。生态系统服务功能通常是指人们从生态系统中获取效益，形成人类赖以生存和发展的物质（吴杨等，2022；罗佳等，2022；丁德文等，2022）[1-3]，包括可以直接影响人类生活的供给、调节和文化服务，以及维持其他功能所必需的支持服务（何思源等，2023；赵婷等，2022；梁秀琴等，2022）[4-6]。其中，沙滩生态系统服务是保障一个海岛生态稳定的重要因素。但是，随着沙滩旅游的不断发展，人类的活动开始干扰到正常的生态环境，并造成一定程度的负面影响（马舒琪，2022）[7]。目前马銮湾已经形成一定规模的国内培训中心和大众化沙滩娱乐环境，东山岛的沙滩旅游开发有利于当地的经济水平发展和旅游文化输出。但是，旅游开发的同时也带来了海滩污染加剧、人为破坏动植物栖息环境、沙滩侵蚀和海平面上升等问题。近年来，东山岛沙滩生态系统退化越来越严重，这不仅影响了生态系统服务功能，还对区域生态安全和当地居民生产活动与生活造成了严重的威胁。

本章以东山岛马銮湾为例进行研究，采用问卷调查法，调查不同类型的游客对沙滩生态系统服务的认知程度、重要性排序、相关影响因素以及游客对沙滩生态系统服务的支付意愿、支付额度，并根据调查数据对主要研究方向提供数据支持，从而对沙滩生态系统的恢复和保护给予一定的对策和建议，维持经济建设与沙滩生态环境的平衡，促进东山岛沙滩旅游业的健康持续发展。

第一节 研究区域概况

东山岛位于福建省南端，是一个四面环海，具有弯曲海岸线的海岛，位于福建省漳州市东山县，其地理坐标为东经117°17′~117°35′、北纬23°33′~23°47′，总面积248.34平方千米，海域面积为1800平方千米，海岸线长达141千米，在福建省内是排名第二的大岛。马銮湾沙滩主要分布在东山岛的东南部岸线，造型酷似月牙，在海湾后有专门的防护林带，对湾有岛屿。马銮湾是国家AAAA级景区，目前已经形成了一定规模的海滨旅游度假区，游客的数量逐年上升。2017年东山岛接待游客高达393.1万人次，旅游总收入39.31亿元，被冠以"美丽的生态旅游海岛"名片。

第二节 研究方法与数据来源

一、研究方法

问卷调查法是旅游研究的重要研究方法之一（胡志美等，2021；钟帅，2022；刘奇勇，2020）[8-10]，本章采用问卷调查法，调查和分析游客在东山岛旅游过程中对沙滩生态系统服务的认知程度和相关意愿，从而评估游客对沙滩生态系统的支付意愿以及一些影响因素。本次的问卷内容包括游客的基本社会特征、生态系统服务价值的认知度、对沙滩生态系统服务保护的意愿及其支付额度三个部分，共有 17 个小题。在调查过程中会得到游客对于沙滩生态系统的概念认知和了解程度，以及对于沙滩环境保护的关注力、游客对于沙滩生态系统恢复力的支付意愿和拒绝支付的原因。

二、数据来源

本次调查主要用随机抽样的方法，线下于 2019 年 11 月 15 日和 2019 年 12 月 21 日两次到东山岛马銮湾向游客进行纸质问卷的发放，每次发放数量为 200 份，第一次回收问卷 175 份，其中有效问卷为 149 份，第二次回收问卷 181 份，其中有效问卷为 167 份。线下问卷回收率达 89%，问卷有效性达 79%；同时于 2019 年 11 月通过网络问卷形式对曾经去过东山岛马銮湾的游客进行网络调查，共计回收 316 份问卷，回收率为 79%。为确保结果真实有效，回收后对问卷进行可信度评估，实际有效问卷数为 234 份，问卷有效率达 58.5%。利用 Excel 软件和 SPSS 对数据进行处理，全面分析游客对东山岛马銮湾沙滩生态系统的认知及影响因素，以期提高游客对沙滩生态系统服务重要性的认知。

第三节　游客对沙滩生态系统服务价值的认知分析

问卷中涉及的游客基本特征包括性别、年龄、文化程度、职业、收入水平等（见表 9-1）。根据表 9-1 反馈的数据，分析得出样本社会特征，游客的男性与女性比例基本相当；21~30 岁的游客最多，占 36.4%；受教育程度普遍较高，大专及以上学历的受访者占 64.2%；职业以普通职员和师生占比最多，分别占 30.2% 和 22.0%；月收入 3001~5000 元的游客所占比例最大，为 46.5%。

表 9-1　被调查者基本特征

要素	选项	频数	百分比（％）
性别	男	236	42.90
	女	314	57.10
年龄	20 岁以下	72	13.10
	21~30 岁	200	36.40
	31~40 岁	157	28.50
	41~50 岁	52	9.50
	50 岁以上	69	12.50
文化程度	初中及以下	73	13.30
	高中或中专	124	22.50
	大专	188	34.20
	本科及以上	165	30.00
职业	事业单位	86	15.60
	工人	92	16.70
	自由职业者	6	1.10
	学生/老师	121	22.00
	职员	166	30.20
	老板	15	2.70
	退休人员	64	11.60
月收入	3000 元及以下	106	19.30
	3001~5000 元	256	46.50
	5001~8000 元	130	23.60
	8000 元以上	58	10.50
合计		550	100

第一个问题反映调查对象对生态系统服务价值的认知程度（见表 9-2）。调查结果表明，了解生态系统服务价值的人数（65.8%）大于认为不了解的人数（34.2%），可见现在游客对于生态系统服务价值具有一定认知但对于生态系统服务价值的认知度并不高，有待加强对相关知识的普及。第二个问题显而易见，被调查者对沙滩生态系统的文化价值高度认同，认同率达 74.9%，表明

了人们对沙滩生态系统的滨海旅游开发的认可。从第三个问题中也可以得知，游客对于滨海旅游开发所产生的影响较为重视，72%的人认为滨海开发对沙滩生态系统的影响较大。结果表明，沙滩生态系统服务对游客的生活和生产方式都会产生相应影响，游客对生态系统服务价值具有一定的认知，认可沙滩生态系统服务价值的同时也在思索滨海旅游开发等人类活动对沙滩生态系统所产生的影响。

表9-2 游客对沙滩生态系统的认知度

问题	选项	频数	百分比（%）
您知道什么是生态系统服务价值吗？	不清楚	188	34.20
	听说过	163	29.70
	略有了解	151	27.40
	非常清楚	48	8.70
您认为沙滩生态系统服务具有哪些功能？	调节价值	256	46.60
	文化价值	412	74.90
	支持价值	112	20.40
	供给价值	193	35.10
滨海旅游开发对沙滩生态系统产生影响的程度？（1~5影响程度递增，1为不影响）	1	53	9.60
	2	101	18.40
	3	130	23.70
	4	161	29.20
	5	105	19.10

第四节 游客对沙滩生态系统服务的重要性排序

以先前的研究文献和实地调查为基础，涵盖调节价值、支持价值、供给价值、文化价值。被调查者根据自己的重要性认知进行选择和排名。数据分析采用倒数计分法，被选为1~4的生态系统服务价值，分别赋予4~1的四个得分，然后计算出每项服务的平均分，最终得出游客对沙滩生态系统服务价值的重要性排序（见表9-3）。

表9-3　游客对沙滩生态系统服务价值的重要性选择　　　　单位：%

选项 价值项目	1	2	3	4	平均分
调节价值	21.19	27.45	23.76	27.60	2.58
支持价值	36.43	26.21	24.54	12.82	2.14
供给价值	33.15	26.38	20.93	19.54	2.27
文化价值	9.23	19.96	30.77	40.04	3.02
小计	100	100	100	100	

游客对沙滩生态系统服务价值的认知分析结果为：在游客对沙滩四大生态系统服务价值重要性的评价中，根据倒数计分法可得游客对沙滩生态系统服务价值的重视度由高到低为文化价值、调节价值、供给价值、支持价值。40.04%的被调查者首选文化价值，其平均分高达3.02，这表明近年来的滨海旅游开发获得了游客的高度认可。支持价值和供给价值的末位选择率分别为36.43%和33.15%，这表明游客对沙滩生态系统服务价值中的生态效益重视度不高。

关于游客对沙滩生态系统服务价值实体功能的认知及重要性排序。本章提炼出9项功能：海产品、生产原料和能源、调节气候、生物调节、水质净化、保护生物多样性、旅游休闲、科研教育、养分循环。被调查者需要按照重要程度从中依次选择5项，未被选中的记为0。得到游客对沙滩实体功能的排序为旅游休闲、科研教育、海产品、调节气候、保护生物多样性（见图9-1）。其中旅游休闲、科研教育是被调查者的首要选择，被选择率分别为94.36%和79.64%，这侧面反映出东山岛马銮湾的滨海旅游开发取得了显著效益，游客高度认可沙滩生态系统的文化价值。由图9-1得出被调查者中选择水质净化、养分循环、生产原料和能源、生物调节这4项的最少，被选择率分别为20.73%、25.27%、34.36%、49.64%，这表明游客对于沙滩生态系统的生态价值的认同度较低。这跟近几年东山岛马銮湾沙滩生态系统以滨海旅游开发为中心的大规模社会经济活动相关，游客认为沙滩生态系统的经济效益高于生态效益，"强开发，弱保护"的思想导致沙滩生态环境发生了明显变化，甚至对其造成了破坏。这与国家维护生态环境长期可持续发展的政策相违背，为了马銮湾沙滩生态环境的长期可持续发展，亟须调整其滨海旅游发展政策，宣传普及沙滩生态系统服务价值的重要程度，放慢开发步调，做到生态系统保护与旅游开发的有机统一。

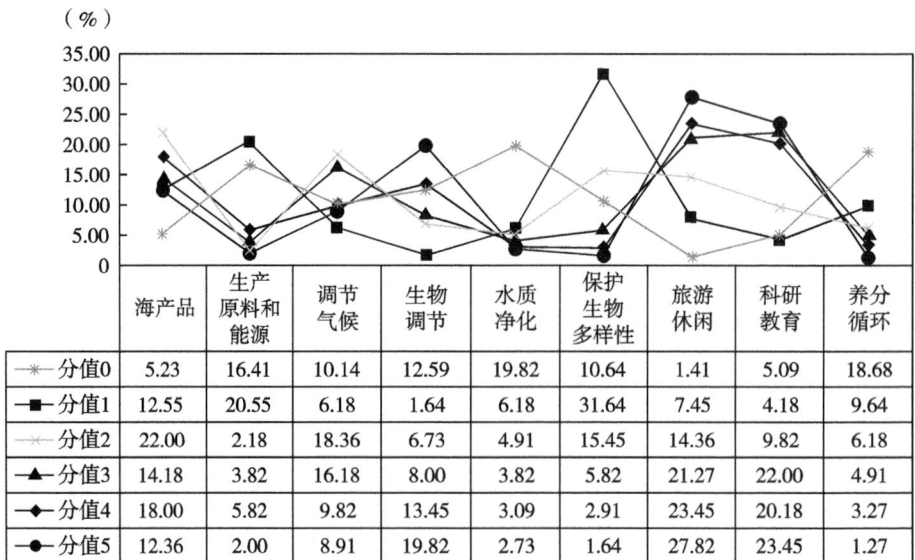

（%）

	海产品	生产原料和能源	调节气候	生物调节	水质净化	保护生物多样性	旅游休闲	科研教育	养分循环
分值0	5.23	16.41	10.14	12.59	19.82	10.64	1.41	5.09	18.68
分值1	12.55	20.55	6.18	1.64	6.18	31.64	7.45	4.18	9.64
分值2	22.00	2.18	18.36	6.73	4.91	15.45	14.36	9.82	6.18
分值3	14.18	3.82	16.18	8.00	3.82	5.82	21.27	22.00	4.91
分值4	18.00	5.82	9.82	13.45	3.09	2.91	23.45	20.18	3.27
分值5	12.36	2.00	8.91	19.82	2.73	1.64	27.82	23.45	1.27

图9-1 被调查者对沙滩实体功能的重要性评价

第五节　游客对沙滩生态系统服务的支付意愿

生态系统的恢复需要一定的时间，这个过程需要当地有关单位和人民的支持。为了了解游客对沙滩生态系统保护的支付意愿以及支付额度，也进行了问卷调查（见图9-2）。在回收的550份有效问卷中，数据表明，游客对于沙滩生态系统保护的支付意愿较高，共有380人，占样本总人数的69%；不愿意支付费用的有170人，占样本总人数的31%。不少游客认为，保护沙滩生态应该由国家和政府出资，而不是个人出资，自己来马銮湾旅游已经是为马銮湾的经济发展贡献过力量了；此外，经济收入低也是居民拒绝支付的重要原因。以上两者所占比重合计70.2%；还有15.8%的被调查者表示对此类支付意愿调查不感兴趣，10.5%的被调查者担心所支付的费用很可能无法用于沙滩生态环境的恢复保护上。

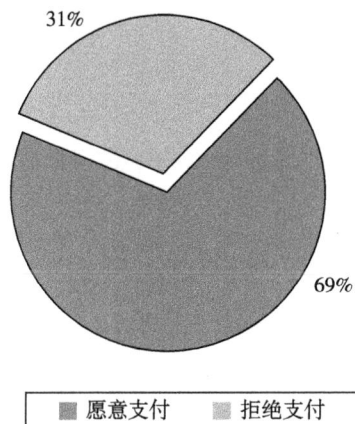

图9-2　游客对沙滩系统保护的支付意愿

接下来进一步调查游客对沙滩生态系统的保护愿意及支付额度，想要了解被调查者愿意拿出他们工资的比例，被调查者在"0~1%""1%~3%""3%~5%""5%~10%""大于10%"5项中进行选择（见图9-3）。结果表明，除了31%的人不愿意支付以外，有37.1%的被调查者愿意拿出工资的0~1%，32.7%的被调查者愿意拿出工资的1%~3%，19.6%的人愿意拿出工资的3%~5%，7.8%的人愿意拿出工资的5%~10%，2.8%的人愿意拿出工资的大于10%的部分。结果表明，大部分人愿意支付0~5%的工资对沙滩生态系统进行保护，表示自己的支持意愿。

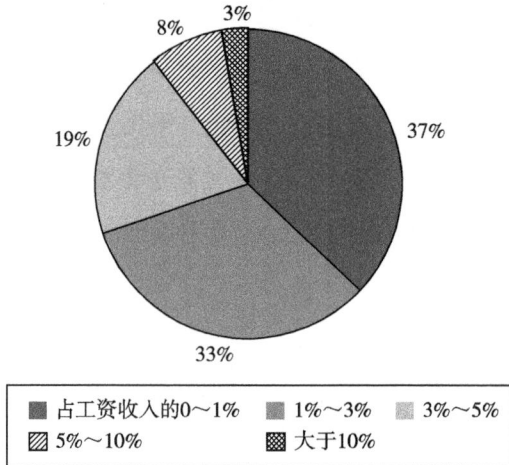

图9-3　游客对沙滩生态系统保护愿意支付的额度

第六节　影响游客对沙滩生态系统认知的因素分析

本章将游客的支付意愿作为因变量，将性别、年龄、文化程度、职业、月收入作为自变量，采用相关性回归方程分析法，分析影响游客支付意愿的主要因素。

　　通过分析，得出被调查者的年龄、文化程度、月收入与支付意愿呈明显正相关；性别对支付意愿有较大影响。被调查者的年龄越大、文化水平越高、月收入越高，支付意愿率越高，越认为个人有责任承担对沙滩生态系统的保护；年龄越小、文化水平越低，则越认为对沙滩生态系统的保护应该由政府或者东山岛旅游开发管理委员会承担，具体结果如表9-4所示。

表9-4　样本人群个人社会经济特征和支付意愿相关性分析

影响因素	选项	人数	愿意支付人数	百分比（%）
性别	男	236	207	87.70
	女	314	173	55.10
年龄	20岁以下	72	33	45.80
	21~30岁	200	134	67.00
	31~40岁	157	117	74.50
	41~50岁	52	41	78.80
	50岁以上	69	55	79.70
文化程度	初中及以下	73	11	15.10
	高中或中专	124	75	60.50
	大专	188	143	76.10
	本科及以上	165	157	95.20
职业	事业单位	86	83	96.50
	工人	92	42	45.70
	自由职业者	6	4	66.70
	学生/老师	121	102	84.30
	职员	166	81	48.80
	老板	15	12	80.00
	退休人员	64	54	84.40

影响因素	选项	人数	愿意支付人数	百分比（%）
月收入	3000 元及以下	106	43	40.60
	3001~5000 元	256	185	72.30
	5001~8000 元	130	103	79.20
	8000 元以上	58	49	84.50
合计		550	380	69.10

根据以上的数据分析讨论可以发现，大部分游客对于恢复和改善沙滩生态系统是比较关注的，支付意愿也比较强，但是仍然有部分游客对沙滩生态系统的认知尚处于一个较低的水平，在沙滩旅游的过程中注重的是体验感，对生态的关注力不够。因此，根据这一现状，政府要积极地提高相关的生态系统宣传力度，多利用互联网自媒体的一些渠道进行宣传，提高游客以及当地社区居民的生态环境保护意识。

第七节　结论与对策

一、结论

（1）从被调查者对沙滩生态系统服务价值的认知度来看，65.8%的被调查者对生态系统服务具有一定的认识，还有34.2%的被调查者对此不大清楚。由此可见，对于沙滩生态系统服务价值的知识普及力度仍然不足，具有较大的提升空间。大多数游客环保意识不强，缺乏生态危机意识，长期来看，对生态系统保护知识的教育普及是非常必要的，需要增加社会关注和社会学习。

（2）从游客对东山岛马銮湾沙滩生态系统服务价值认知来看，游客普遍认可沙滩生态系统的文化价值，首选率高达 40.04%。在实用功能的价值排序中，旅游休闲、科研教育是被调查者的首要选择，被选择率分别为 94.36% 和 79.64%，而选择水质净化、养分循环、生产原料和能源、生物调节这 4 项的最少，被选择率分别为 20.73%、25.27%、34.36%、49.64%。被调查者认为，东山岛马銮湾沙滩生态系统在以滨海旅游开发为中心的大规模的社会经济活动的作用下，在"强开发，弱保护"的思想的影响下导致沙滩生态环境发生了明显变化。游客对沙滩生态系统的经济效益重视程度大于生态效益，这与国家维护生态环境长期可持续发展的政策相违背，为了东山岛马銮湾沙滩生态环境的长期可持续发展，亟须调整滨海旅游发展政策，宣传普及沙滩生态系统服务价值的重要程度，放慢开发步调，做到生态系统保护与旅游开发的有机统一。

（3）从游客对沙滩生态系统恢复和保护的支持情况与支付意愿来看，较多数人表示支持，89.4% 的被调查者愿意拿出工资收入的 0~5% 支持沙滩生态系统的保护行为；虽然少部分被调查者愿意支持对生态系统的保护，但表示不愿意支付。通过进一步调查发现，一部分游客的确在经济上有困难；另外一部分游客受其他因素影响不愿意支付，不少游客认为，保护沙滩生态应该由国家和政府出资，而不是个人出资，自己来马銮湾旅游已经是为其经济发展贡献过力量了；此外，部分被调查者担心所支付的费用无法用于沙滩生态环境的恢复保护上，需要建立具有社会公信力的部门对专项资金进行管理使用。

二、相关对策

在对东山岛马銮湾沙滩生态系统的研究过程中，根据对游客进行的问卷调查，得出部分群众对于恢复和改善沙滩生态系统是比较关注的，支付意愿也比较强，但是仍然有部分游客对生态系统的认知尚处于一个较低的程度，在沙滩旅游的过程中注重的是体验感，对生态的关注力不够，这也揭示了游客对生态服务系统支付意愿及认知度形成的几个不同影响因素，基于这样的发现提出以下六个参考意见：

（1）东山岛马銮湾的可持续发展，要充分发挥政府职能，由政府主导发挥职能才能形成有效的生态系统治理，使其生态系统功能和旅游开发都处在健康运行的状态。不仅如此，政府还要积极地加强对东山岛基础设施的建设，以此来提高沙滩生态系统的应对能力，例如，开展旅游信息化的建设提高居民和游客的认知以及相关的旅游服务水平。

（2）在追求经济利益开发的过程中，生态系统必然会遭受到一定的破坏和影响，马銮湾沙滩生态系统的退化主要是人为活动的干扰造成的。在旅游旺季，为了不使马銮湾的沙滩生态系统面临巨大压力，政府要控制旺季旅游的人数，实现游客分流，减小其压力。

（3）马銮湾的生态环境比较脆弱，目前马銮湾沙滩的生态环境在不断地退化，因此目前要重点做的是修复马銮湾的沙滩生态系统，在对于环境的保护中，要从多个指标进行，加大环境保护的力度，提高财政支持，维护生态环境的平衡与和谐。

（4）提倡社会进行应对能力的学习，开展一定的旅游认知活动，让游客可以自主地进行沙滩生态系统的恢复和维持，真正做到以人为本，促进马銮湾的可持续发展。

（5）还要重视除了沙滩旅游业之外的其他产业发展，不能过度地以旅游业为主，而忽视其他产业的存在价值，可选取一些比较适宜马銮湾发展的现代行业，经过合适的途径引进，不仅能够减少当地对旅游产业的过度依赖，提高经济适应能力，还可以对马銮湾的生态环境发展有较好的保护意义。

（6）根据本章对游客的支付意愿调查发现，首先是在游客中仍然有部分人群不能很好地对生态系统进行认知，而且受到多方面的影响无法对沙滩保护进行支付；其次是有支付意愿，但是认为环境保护多半是政府的责任的游客也不在少数。说明政府在进行旅游开发、经济发展和生态环境中，也要具备适应性的管理能力，才能够让民众看到更多的信心，保持环境的可持续发展。

参考文献

［1］吴杨，田瑜，戴逢斌，等."自然对人类的贡献"的实现、发展趋势和启示［J］.生物多样性，2022，30（5）：164-171.

［2］罗佳，黎蕾，姜芸，等.湖南省森林生态系统服务功能价值评估［J］.生态科学，2022，41（4）：70-77.

［3］丁德文，索安宁.现代海洋牧场建设的人工生态系统理论思考［J］.中国科学院院刊，2022，37（9）：1335-1346.

［4］何思源，闵庆文.自然保护地社区的保护兼容性生计：概念与实施路径［J］.自然资源学报，2023，38（4）：862-873.

［5］赵婷，潘竟虎.讨赖河流域生态系统服务权衡与协同的多尺度测度［J］.生态与农村环境学报，2022，38（7）：839-850.

［6］梁秀琴，冯强，段宝玲.晋西黄土高原矿区生态系统服务与居民福祉空间耦合特征［J］.水土保持通报，2022，42（6）：400-408.

［7］马舒琪.全球视角下海洋类世界遗产的分布特征［J］.保护和可持续发展，2022（12）：881.

［8］胡志美，刘嘉纬.基于居民视角的旅游扶贫感知调查研究——以怒江州片马镇为例［J］.旅游研究，2021，13（2）：17.

［9］钟帅.运城市户外旅游俱乐部开展现状的调查与分析［J］.Advances in Physical Sciences，2022，10：25.

［10］刘奇勇.雾霾天气对高校学生旅游意向影响［J］.干旱区地理，2020，43（4）：1127-1135.

第十章　情境因素对游客环境友好行为意愿的影响研究

——以东山岛马銮湾景区为例

近年来，滨海旅游业在沙滩旅游景区中发展强劲，但是旅游业的大力发展也带来了环境问题（黎清华等，2022；张振克等，2021）[1-2]。为了减轻旅游活动对环境的负面影响，维护旅游目的地的可持续发展，学者们开始关注游客在旅行过程中的行为，尤其是环境友好行为（何云梦等，2023；牛璟祺等，2022）[3-4]。Ajzen（1991）指出，环境态度越积极，其环境行为越趋于正向化Ajzen（1991）[5]。Hashimoto（2000）[6] 也发现，环境态度、主观规范和感知的行为控制会影响游客对生态酒店的选择意愿。张茜等（2018）[7] 通过"认知-情感-态度-行为意愿"理论对游客亲环境行为进行研究，结果表明环境敏感性、地方依恋能够显著正向影响游客亲环境行为。此外，情境因素也在激发环境行为过程中起着重要作用。Lutz 和 Kakkar（1976）[8] 较早指出，情境是在特定的时间和地点中可以检测到的所有要素，这些要素具有较强的不稳定性，但能够对个体具体行为造成一定影响。国内目前对于情境因素对环境行为早期研究的观点倾向于环境态度与环境行为上（叶茜，2013）[9]，缺少对情境的分类。王晓宇（2018）[10] 通过对文献的整理，对情境因素进行了细分，从社会情境、景区情境、瞬时情境以及人口学特征对情境因素进行整体把握。然而，在现有的环境行为研究中，更多的是基于主观心理视角研究游客的环境行为意愿，而对情境因素涉及甚少，尤其是对游客游览活动发生的情境因素影响研究不足。

在此背景下，本章以福建省东山县马銮湾景区为例，采用问卷调查法，通过数据分析探讨该景区游客环境友好行为与情境因素之间的关系，以期研究结果有利于景区管理者采取科学的手段激发游客个人的环境友好行为，并提出景区管理相关的对策和建议，为促进马銮湾景区的可持续发展做出贡献。

第一节 研究区域概况

福建省东山县位于福建省东南部，是由东山岛主岛及其多个附属小岛组成的福建省第二大海岛县。东临中国台湾海峡与台湾隔海相望，西面与诏安县接壤，西北接云霄县，东北接漳浦县，处于东海与南海交汇处。东山县的地理坐标为东经 117°17′~117°35′、北纬 23°33′~23°47′。主岛东山岛面积约 194 平方千米，陆地总面积约为 247 平方千米，全岛海岸线长约 141.3 千米。东山岛是我国东南沿海一个美丽舒适宜人的滨海旅游地，是福建省重点旅游区。岛上绿树繁盛，无愧于"东海绿洲"的美誉，风光秀美，极具南国的风韵，主岛由七个弯月状的海湾首尾相连而成，共绵延几千米，海滨浴场的天然优势极其明显（李明峰和郭青海，2019）[11]。而马銮湾景区位于福建省漳州市东山岛东部，距铜陵镇 2 千米。马銮湾景区规划面积 3 平方千米，湾长 2500 米，宽 60 米，纵深 150 米。整个景区分为休息游购区、旅游服务区、运动娱乐区，其中所有区域均向公众开放。凭借着优越的地理位置与自然、人文资源和免费开放的景区，2017 年国庆黄金周，马銮湾景区接待游客量达 10.86 万人次，高峰期有 2.4 万人次/天；2019 年春节期间东山岛旅游火热，2 月 4~10 日，全县接待境内外游客 27.78 万人次，同比增长 21.91%。其中马銮湾景区接待境内外游客 1.475 万人次，同比增长 24.79%。

第二节　研究方法与数据来源

本课题选取东山岛马銮湾景区为研究调查地，调研时间为 2019 年 10~12 月，采用网络调研的方式，以问卷星为调研平台，主要通过 QQ、微信、微博等社交工具进行在线调研，调研对象主要为游览过马銮湾景区的游客。共计发放 300 份问卷，回收有效问卷 286 份，问卷有效率为 95.3%。在问卷发放及对受访者访谈过程中，发现了部分需要进行调整的选项并进行了修改。正式调研工作主要在网络上展开，涵盖范围较广。

采取问卷调查方法，调查对象为马銮湾景区内的游客。本研究问卷主要包括三部分。首先，对游客环境友好行为进行细分。分为一般环境行为与具体环境行为，通过设置选项（1 表示"极少"、2 表示"偶尔"、3 表示"一般"、4 表示"经常"、5 表示"总是"（数字代表分值））来研究游客环境友好行为程度，选项根据李克特 5 级量表标度赋值（刘利等，2016）[12]。其次，对情境因素进行划分。主要研究区位行为、他人压力、环境教育情境下对游客环境行为的影响，环境教育情境问项主要参考夏凌云（2018）等的研究[13]，采用李克特 5 级量表（1~5 为"非常不满意"~"非常满意"）进行测量。最后，进行游客人口学统计特征统计，从性别、年龄、受教育程度、职业、月收入及婚姻状况等方面探究游客环境行为关系，所有问题均为选择式问项。利用 SPSS22.0 软件进行数据分析，并对 Cronbach's α 系数进行效度检验，也包括各维度信度。同时对样本的分布情况进行描述性统计分析，并加入平均值、中数、众数等统计分析方法。

第三节 样本特征描述

由表 10-1 可知，在有效样本中：男女比例分别为 47.55% 和 52.45%，女性游客居多；其中 15 岁以下、16~25 岁、26~45 岁、46~55 岁、56 岁及以上的游客数量所占比例分别为 8.39%、51.05%、22.02%、9.80% 和 8.74%，游客年龄集中在 16~25 岁，以青年游客为主；受教育程度以本科学历为主，占 42.31%。其次是小学及以下、初中、高中或大专，分别占 2.10%、12.58%、29.72%，最后是硕士及以上，占 13.29%；游客月平均收入以其他收入为主，占 53.50%，1000 元及以下占 4.55%、1001~2000 元占 8.74%、2001~3000 元占 12.59%、3001~4000 元占 5.24%、4001~5000 元占 7.34%、5001 及以上占 8.04%；游客以学生群体为主，占 56.99%，其中教师（5.94%）、公务员（15.03%）、企事业单位人员（10.84%）、农民（1.75%）、自由职业（5.60%）、离/退休人员（3.85%）。婚姻状况以未婚为主，占 70.28%。23.78% 的游客为已婚，5.94% 为单身（包括离异、丧偶）。

表 10-1 被调查者基本信息

背景	分类	样本数	比重（%）	背景	分类	样本数	比重（%）
性别	男	136	47.55	从事职业	学生	163	56.99
	女	150	52.45		教师	17	5.94
年龄	15 岁		8.39		企事业单位	31	10.84
	16~25 岁	146	51.05		农民	5	1.75
	26~45 岁	63	22.02		自由职业	16	5.60
	46~55 岁	28	9.80		离/退休人员	11	3.85
	56 岁及以上	25	8.74		公务员	43	15.03

续表

背景	分类	样本数	比重（%）	背景	分类	样本数	比重（%）
受教育程度	小学及以下	6	2.10		其他	20	6.99
	初中	36	12.58		1000元及以下	13	4.55
	高中或大专	85	29.72		1001~2000元	25	8.74
	本科	121	42.31		2001~3000元	36	12.59
	硕士及以上	38	13.29	月收入	3001~4000元	15	5.24
婚姻状况	未婚	201	70.28		4001~5000元	21	7.34
	已婚	68	23.78		5001元及以上	23	8.04
	单身（包括离异、丧偶）	17	5.94		其他	153	53.50

效度是指问卷的有效性和正确性，它评价的是测量的系统误差，效度越高表明越能够达到问卷检验的目的。通过变量平均方差萃取值（AVE）的平方根与变量之间的线性关系进行比较，来评估判别有效性（Fornell 等，1981），所有变量 AVE 平方根均大于其他变量的相关系数（见表 10-2），显示变量之间具有良好的区分效度（金红燕等，2022）[14]。信度是指调查问卷量表在度量相关变量时所得测量分数的一致性或稳定性程度（见表 10-3）。研究学者对信度系数的界定较为一致，一般认为克隆巴赫系数（Cronbach's α）在 0.60~0.65 为不可接受，0.70~0.80 为可以接受，0.80 以上为非常合适。本书通过 SPSS22.0 软件进行数据分析，发现所调查的全部测量变量的 Cronbach's α 均在 0.713 以上，是可以接受的，说明调查问卷整体数据可信度较高。

表 10-2　效度分析量表

变量	均值	标准差	情境因素	一般环境行为	具体环境行为
情境因素	4.08	0.93	**0.85**		
一般环境行为	3.19	0.38	0.31**	**0.62**	
具体环境行为	3.66	0.63	0.51**	0.53**	**0.68**

注：表格中加粗数据为 AVE 平方根；**表示在 0.01 水平（双侧）上显著相关（下同）。

表 10-3　信度分析量表

	潜变量	题量	Cronbach's α 系数	均值
环境友好行为	一般环境行为	4	0.713	0.691
	特殊环境行为	4	0.669	
情境因素	区位行为	2	0.826	0.816
	他人压力	2	0.783	
	环境教育	2	0.839	

第四节　不同类型游客对环境友好行为的影响分析

由表 10-4 可知，对游客人口学统计特征统计进行分析，从性别、年龄、受教育程度、职业、月收入及婚姻状况等变量探究游客环境友好行为（以下简称 EFB）关系，除性别外，其他变量均与 EFB 有显著差异。

表 10-4　不同类型游客对环境友好行为的影响分析

变量	变量值	平均值	标准差	检验结果
性别	男	3.078	0.379	无差异
	女	3.165	0.381	
年龄	15 岁及以下	3.256	0.881	有差异
	16~25 岁	3.102	0.378	
	26~45 岁	3.148	0.314	
	46~55 岁	3.081	0.412	
	56 岁及以上	3.310	0.589	
受教育程度	小学及以下	3.216	0.851	有差异
	初中	3.200	0.345	
	高中或大专	3.208	0.315	
	本科	3.100	0.381	
	硕士及以上	3.206	0.359	

续表

变量	变量值	平均值	标准差	检验结果
从事职业	学生	3.079	0.316	有差异
	教师	3.311	0.356	
	公务员	3.068	0.332	
	企事业单位	3.053	0.355	
	农民	3.159	0.591	
	自由职业	3.256	0.385	
	离/退休人员	3.310	0.615	
	其他	3.108	0.315	
月收入	1000 元及以下	3.153	0.302	有差异
	1001~2000 元	3.248	0.316	
	2001~3000 元	3.301	0.310	
	3001~4000 元	3.125	0.345	
	4001~5000 元	3.026	0.349	
	5001 元及以上	3.014	0.341	
	其他	3.301	0.336	
婚姻状况	未婚	3.128	0.321	有差异
	已婚	3.002	0.425	
	单身（包括离异、丧偶）	3.012	0.357	

从年龄上来看，15 岁及以下和 56 岁及以上的游客对 EFB 观点的赞同度最低，平均值为 3.256 和 3.310；26~45 岁年龄段的游客对 EFB 观点的赞同度最高，平均值为 3.148，且标准差较小，说明个体观点差异较小。造成两者间差异的有可能是行为习惯、受教育水平、思维方式等方面。从受教育程度来看，小学及下学历者 EFB 赞同度最低，平均值为 3.216，说明其在马銮湾景区发生不文明行为的可能性最高。从职业上来看，学生群体的 EFB 赞同度最高，平均值为 3.079，说明接受教育有可能降低不文明行为的发生；农民和离/退休人员两者的 EFB 观点赞同度最低，平均值分别为 3.159 和 3.310，这两个职业群体的游客破坏环境的可能性较高，不受约束是其重要原因。从婚姻状况来

看，未婚游客的赞同度较高，平均值为 3.128，相较之下，已婚人士破坏环境的可能性较大，平均值为 3.002。

第五节　游客环境友好行为意愿具体情况分布

游客自身的环境友好行为有助于景区环保工作的开展。从本次调研的游客环境友好行为结果（见表 10-5）来看，游客在一般环境行为中，"会遵守马銮湾景区的游客行为规范""会尽力保持马銮湾景区的环境质量"中能够做到"一般""经常""总是"的累计均超过 70%，表现较好，表明大多数游客环境意识较高，能够约束自身的行为。而在"会和他人讨论这里的环境问题"和"会尝试说服同伴采取积极的行为保护这里的自然环境"中表现出"极少"的均超过 50%，说明大多数游客虽然能约束自身行为，但和他人谈论较少。另外，游客在具体环境行为中，"景区游览过程中看到垃圾会主动捡起来放进垃圾桶"和"我会捐款支持景区的环境保护"中能够做到"一般""经常""总是"的累计超过 80%，而"看到有人破坏这里的环境，会向工作人员反映"和"如果景区有环境保护主题的公益项目，我会花时间参加"中表现出"极少""偶尔"的超过 50%，说明游客愿意主动保护景区环境、捐款支持景区，却对劝阻周围人的环境行为较为冷漠。

表 10-5　游客环境友好行为意愿具体情况分布

序号	一般环境行为分值	极少（%）1 分	偶尔（%）2 分	一般（%）3 分	经常（%）4 分	总是（%）5 分
7	会和他人讨论这里的环境问题	60.86	14.35	10.24	9.21	5.34
8	会尝试说服同伴采取积极的行为保护这里的自然环境	50.13	12.21	18.35	16.38	2.93

续表

序号	一般环境行为分值	极少（%） 1分	偶尔（%） 2分	一般（%） 3分	经常（%） 4分	总是（%） 5分
9	会遵守马銮湾景区的游客行为规范	15.92	10.36	12.35	24.46	36.91
10	会尽力保持马銮湾景区的环境质量	2.39	5.18	11.75	44.85	35.83
	具体环境行为分值	极少（%）	偶尔（%）	一般（%）	经常（%）	总是（%）
11	看到有人破坏这里的环境，会向工作人员反映	31.47	26.69	25.9	12.35	3.59
12	景区游览过程中看到垃圾会主动捡起来放进垃圾桶	4.58	15.54	18.72	37.85	23.31
13	我会捐款支持景区的环境保护	2.59	17.13	33.27	35.86	11.15
14	如果景区有环境保护主题的公益项目，我会花时间参加	23.68	35.83	18.73	15.77	5.99

第六节　不同情境下游客环境行为特征描述

从游客的区位行为、他人压力、环境教育的情境特征调查情况（见表
10-6）来看，景观越好的地方环境破坏行为越严重持"比较同意"观点的占
比达到26.89%，持"非常同意"的占比达到31.23%；人多的景观处比人少
的环境破坏行为严重持"一般"观点的占到18.91%，持"非常同意"观点的
占比达36.01%，说明大多数游客对于保护环境的观点是赞同的。景区工作人
员的劝诫可以避免游客乱扔垃圾持"比较同意"观点的占比达到20.31%，持
"非常同意"的占比达31.16%；别的游客的环境破坏行为也会影响我的行
为持"比较同意"观点的占比达到27.18%，持"非常同意"的占比达到
29.81%，说明大多数游客能够认识到友好行为对保护环境的正确性，并且能
够在旅行中基本遵守。而听取有关环境方面的讲座或培训使我愿意采取环境友
好行为持"比较同意"观点的占21.03%，持"非常同意"的占27.92%；从

报纸、电视等媒体了解到的信息使我愿意采取环境友好行为持"比较同意"的观点占 24.64%，持"非常同意"的占 25.01%；说明环境教育只起到了部分作用，游客对这方面的措施接受程度一般。

表 10-6　不同情境下游客环境行为分析

情境	序号	问项	非常同意（%）	比较同意（%）	一般（%）	不太同意（%）	非常不同意（%）
区位行为	15	景观越好的地方环境破坏行为越严重	31.23	26.89	29.26	10.56	2.06
	16	人多的景观处比人少的环境破坏行为严重	36.01	23.69	18.91	16.41	4.98
	17	景区工作人员的劝诫可以避免游客乱扔垃圾	34.16	20.31	16.26	18.29	10.98
他人压力	18	别的游客的环境破坏行为也会影响我的行为	29.81	27.18	24.04	14.61	4.36
环境教育	19	听取有关环境方面的讲座或培训使我愿意采取环境友好行为	27.92	21.03	22.1	18.02	10.93
	20	从报纸、电视等媒体了解到的信息使我愿意采取环境友好行为	25.01	24.64	25.54	13.98	5.83

第七节　游客环境友好行为意愿与情境因素调查结果

由表 10-7 可知，游客愿意表达环境友好行为意愿强烈，EB1、EB2、EC4 评分为 2；EC1 评分为 3；EB3、EB4、EC2、EC3 评分为 4；评分的跨度较大，从 1.98 到 4.39。一般环境行为结果评分差异较大，其中，EB4 的问项行为平均值较高，平均值为 4.39 分；而 EB1 的问项行为平均分只有 1.98 分，EB2 平均分也较低，为 2.17 分。具体环境行为结果也存在一定差异，EC3 的问项行为平均值较高，为 4.34 分，EC4 的问项行为平均分较低，为 2.62 分；EC1、EC2 的问项平均值分别为 3.61 分、4.07 分。

表 10-7　游客环境友好行为意愿调查结果　　　　单位：分

项目	问项	平均值	中数	众数
一般环境行为	会和他人讨论这里的环境问题（EB1）	1.98	2	2
	会尝试说服同伴采取积极的行为保护这里的自然环境（EB2）	2.17	2	2
	会遵守马銮湾景区的游客行为规范（EB3）	4.23	4	4
	会尽力保持马銮湾景区的环境质量（EB4）	4.39	4	4
具体环境行为	看到有人破坏这里的环境，会向工作人员反映（EC1）	3.61	3	3
	景区游览过程中看到垃圾会主动捡起来放进垃圾桶（EC2）	4.07	4	4
	我会捐款支持景区的环境保护（EC3）	4.34	4	4
	如果景区有环境保护主题的公益项目，我会花时间参加（EC4）	2.62	2	2

注：（　）内为问项编号。

　　一般环境行为意愿中，EB3、EB4 行为意愿问项的评分较高，表明游客对遵守保持景区环境质量的主动性高，同时对遵守规则具有较好的主动性；而在和他人讨论、说服同伴采取积极行为中，劝阻身边人比劝阻他人的难度小。具体环境行为意愿中，EC2、EC3 行为意愿问项的评分较高，表明游客对捐款支持景区的环境保护持有较高的积极参与性，同时对也极具景区环境保护意识。EC4 行为意愿问项的评分较低，可能原因在于参与公益活动会花费较长时间，游客更愿意把时间花在旅游体验上，但是，在看到破坏景区环境行为时，会主动向相关人员报告的意愿相对强烈。

游客对马銮湾景区情境因素的评分值为 3.89 ~ 4.34 分（李克特 5 级量表），表中所有中数和众数的评估结果都为 4。马銮湾景区的区位行为平均值最高，游客对该景区环境行为影响具有特定区域性认同感较高。他人压力的平均值为 4，在景区中，在他人压力下游客行为会受到较强的干预性。环境教育中两项指标分别为 3.92 分和 3.89 分，相对其他两项情境指标略低，如表 10-8 所示。

表 10-8　情境因素调查结果　　　　　　　　　单位：分

情境指标	问项	平均值	中数	众数
区位行为	景观越好的地方环境破坏行为越严重	4.19	4	4
	人多的景观处比人少的环境破坏行为严重	4.34	4	4
他人压力	景区工作人员的劝诫可以避免游客乱扔垃圾	4.12	4	4
	别的游客的环境破坏行为也会影响我的行为	3.99	4	4
环境教育	听取有关环境方面的讲座或培训使我愿意采取环境友好行为	3.92	4	4
	从报纸、电视等媒体了解到的信息使我愿意采取环境友好行为	3.89	4	4

从上述调查结果中可知，游客对马銮湾景区的区位行为及其他人压力等情境因素评价较高，对环境教育类情境因素评价相对较低。可见，马銮湾景区某些特定区域、景区内他人影响的结果得到了游客的认可。环境教育得分相对较低，在一定程度上归因于花费的时间较长，而游客更注重游赏。情境因素间评价的差异，也说明了马銮湾景区情境还具有较大的改进和完善空间。

第八节　情境因素与游客环境友好行为意愿的关系

（1）区位行为与游客环境友好行为意愿的关系。区位行为与 EB4 的行为意愿的相关系数最高，为 0.48，其与 EC3 的行为意愿次之，为 0.43，其与 EB3、EC2 的行为意愿比较接近，分别为 0.41 和 0.39。这表明区位行为对游客环境友好行为意愿产生了积极的影响，能促进游客采取环境保护的行为意愿。在马銮湾景区中，景观越好的地方环境破坏行为越严重，但游客会尽力保持马銮湾景区的环境质量；人多的景观处比人少的环境破坏行为严重（见表 10-9）。

表 10-9　游客环境友好行为意愿与各情境因素的相关系数

	区位行为	他人压力	环境教育	EB1	EB2	EB3	EB4	EC1	EC2	EC3	EC4
区位行为	1										
他人压力	0.55**	1									
环境教育	0.52**	0.71**	1								
EB1	0.32**	0.45**	0.44**	1							
EB2	0.42**	0.55**	0.50**	0.38**	1						
EB3	0.41**	0.39**	0.43**	0.20**	0.39**	1					
EB4	0.48**	0.25**	0.20**	0.33**	0.22**	0.15**	1				
EC1	0.26**	0.40**	0.36**	0.35**	0.32**	0.45**	0.37**	1			
EC2	0.39**	0.31**	0.27**	0.28**	0.29**	0.53**	0.53**	0.59**	1		
EC3	0.43**	0.37**	0.39**	0.41**	0.46**	0.62**	0.59**	0.51**	0.42**	1	
EC4	0.29**	0.51**	0.54**	0.30**	0.35**	0.23**	0.39**	0.51**	0.53**	0.57**	1

（2）他人压力与游客环境友好行为意愿的关系。他人压力与 EB2、EC4 意愿的相关系数较高，分别为 0.55、0.51，其与 EB1、EC1 意愿相对略低，分别为 0.45、0.40。这说明游客对景区环境的参与度较高以及游客能够放松身心，从自我做起、小事做起，维护现有的环境。

（3）环境教育与游客环境行为友好意愿的关系。环境教育与游客环境友好行为意愿的关系与区位、他人压力的类似，游客 EC4、EB2 意愿程度高于 EB3、EC3。其中，环境教育与 EC4 环境行为意愿的相关系数最高，为 0.54，结果表明环境教育对游客环境友好行为意愿具有启示和示范作用，当游客进入景区见到此类行为时会受到微妙的影响，促使其实施与传递环境友好行为。

第九节 结论与对策

一、结论

本章引入情境因素，基于此视角对福建省东山岛马銮湾景区游客的环境友好行为进行了深入研究，通过对其环境行为和影响环境友好行为情境因素的探讨，从而了解何种因素会更大限度地提高马銮湾景区游客的环境友好行为意愿以及其具有何种表征，哪种情境因素对环境友好行为影响最强烈。通过对马銮湾景区内的游客进行问卷调查，利用所得有效数据进行统计分析，主要得出以下结论：

（1）15 岁及以下和 56 岁及以上，这两个年龄段的游客环境破坏行为的可能性最大，均值分别为 3.256 和 3.310；本科及硕士以上学历者环境破坏行为的可能性均较小，而受教育程度在初中及以下的游客环境破坏行为的可能性最大；学生群体实施破坏行为的可能性最小；农民以及离退休人员这两个群体环境破坏行为得分最高，均值分别为 3.159 和 3.310，实施不文明行为的可能性最大；单身游客较已婚人士而言环境破坏行为的可能性相对较小。

（2）对游客环境友好行为主要分为两种类型。两种类型对游客环境行为影响较为接近，分别为 0.62 和 0.68，均为正面影响，游客具有较强烈的环境友好行为倾向。说明游客环境意识越高，对景区的环境保护意识就越高，游客行为在游览中并不会轻易受到影响，也许是其先于游览行为形成的一种稳定生态旅游价值观。因此，对于景区环保，可避免投入过多的精力，应将有限的人力、物力投到景区本身保护上。

（3）马銮湾景区的问卷分析研究验证了区位行为、他人压力、环境教育等情境因素对游客环境友好行为意愿产生的影响程度。游客环境友好行为意愿中的一般环境行为受到区位行为的影响，好的观赏地与景观能够激发游客遵守景区的环境保护规则，并控制自身的环境破坏行为，传递友好行为。具体环境行为主要受到他人压力和环境教育的影响，可见景区里他人压力和环境教育与游客环境友好行为约束和激发有直接的关系。在游览过程中，情境因素会制约游客环境友好行为。由于游客环境友好意愿行为具有差异性，会使情境因素中起主要因素的因子产生不同。特别是对具体环境行为意愿具有显著影响，游客愿意参与志愿服务、捐款等活动；对一般环境行为意愿作用显著，游客愿意主动遵守景区规则，同时两者又相互影响。

二、相关对策

针对情境因素对游客环境友好行为意愿影响的研究，本章提出六项相关的对策：

（1）加强旅游目的地的环境管理。为了提高游客的环境友好行为意愿，目的地需要加强环境污染监测和治理，并采取措施确保环境卫生和垃圾分类。目的地同时需加强宣传和教育，提高游客对环境保护的意识，并鼓励游客积极参与环境保护活动。

（2）提供高品质的公共设施。游客在旅途中需要方便的公共设施，如卫生间、垃圾桶、休息区等。提供高品质的公共设施，可以鼓励游客养成环境友好的习惯。

（3）设计游客参与环保的行为。旅游目的地可以设计参与环保行动的项目和活动，例如，垃圾分类、植树造林、环保志愿者等。这些活动可以促进游客积极参与环保，提高游客的环境友好行为意愿。

（4）提供良好的旅游服务和体验。提供优质的旅游服务和体验，可以让游客更愿意保护并关注环境。旅游目的地可以提供生态导览、环境解说等服务，增加游客的环境友好行为意愿。

（5）去除游客隐性成本。游客参与环境保护行为需要承担一定的成本，如时间、精力、金钱等。目的地可以采取措施去除游客隐性成本，例如，提供补贴、奖励和优惠政策等，激励游客积极参与环保。

（6）采用新技术、新手段。利用新技术、新手段，如数字化导览、虚拟现实、互动体验等，可以提高游客的参与度和体验感，增强游客的环境友好行为意愿。

参考文献

[1] 黎清华，张彦鹏，齐信，等.地质调查支撑服务海南生态文明建设探索与实践 [J].华南地质，2022，38（2）：209-225.

[2] 张振克，毕墨，吴皓天.中国海岸与海洋旅游面临的挑战与发展战略 [J].中国生态旅游，2021，11（4）：536-547.

[3] 何云梦，徐菲菲.自然保护地旅游者亲环境行为驱动机制——以南京鱼嘴湿地公园为例 [J].自然资源学报，2023，38（4）：1010-1024.

[4] 牛璟祺，刘静艳.具身感知情境下的游客环境责任行为意向——敬畏感与预期自觉情绪的唤起 [J].Tourism Tribune，2022，37（5）.

[5] Ajzen L. The Theory of Planned Behavior [J]. Organization Behavior and Human Decision Processes，1991，81（6）：89-106.

[6] Hashimoto A. Environmental Perception and Sense of Responsibility of the Tourism Industry in Mainland China，Taiwan and Japan [J]. Journal of Sustainable Tourism，2000，51（2）：153-162.

[7] 张茜，杨东旭，李文明.森林公园游客亲环境行为的驱动因素——以张家界国家森林公园为例 [J].地域研究与开发，2018，302（3）：103-108.

[8] Lutz R J，Kakkar P. Situational Influence in Interpersonal Persuasion

[J]. ACR North American Advances, 1976, 96 (12): 376-392.

[9] 叶茜. 特定情境因素对游客环境态度及破坏行为的影响分析——以湖南省森林植物园为例 [D]. 长沙: 中南林业科技大学, 2013.

[10] 王晓宇. 情境因素对游客破坏环境行为的影响研究 [D]. 杭州: 浙江工商大学, 2018.

[11] 李明峰, 郭青海. 基于土地利用变化的东山岛滨海旅游区生态系统服务价值研究 [J]. 南宁师范大学学报 (自然科学版), 2019, 36 (4): 81-87.

[12] 刘利, 石岩涛, 张梅, 等. 边境旅游地游客环境态度与环境行为的实证分析——以丹东鸭绿江国家级风景区为例 [J]. 辽东学院学报 (自然科学版), 2016, 23 (2): 110-116.

[13] 夏凌云. 哈尔滨湿地公园游客忠诚及其环境行为倾向影响因素研究 [D]. 哈尔滨: 东北林业大学, 2018.

[14] 金红燕, 孙根年, 张兴泰, 等. 传统村落旅游真实性对旅游者环境责任行为的影响研究——怀旧和道家生态价值观的作用 [J]. 浙江大学学报 (理学版), 2022, 49 (1): 121-130.

第十一章　海岛型国家级生态县旅游发展与生态环境耦合协调研究

在全球政治和贸易格局不断变化的背景下，海洋已成为全球经济、贸易和文化交流的重要通道（张新放和吕靖，2019）[1]。中国沿海地区人口众多，面积较小，拥有的海洋和海岛资源相对于需求较为有限（李渝，2020）[2]。为了推动海岛旅游的可持续发展，业内应强调对自然环境和人文环境的保护，注重节能减排和资源利用，并建立健全的管理制度等（窦婷婷，2017）[3]。国家级生态县的认定体现了生态文明建设的成功实践和成果，是对各地经济社会和生态环境协调发展的肯定，同时也意味着该县级行政区域在各个领域基本符合可持续发展的要求，树立了全国生态文明建设的典范（刘冲等，2019）[4]。为了促进海岛旅游业的发展，国务院在 2011 年 6 月发布了《全国海岛旅游发展规划通知》，提出了发展海洋旅游、构建海岛新网络等措施。东山县利用环洲湾拓展海洋旅游，打造配套设施，推广"沙滩文化旅游"。为了保护旅游业的核心竞争力，实现旅游业的可持续发展，海岛型生态县旅游发展与生态环境耦合的探索具有重要意义。在国外，海岛研究主要涉及海洋岛屿和自然资源（Lindquist 等，2005）[5]、岛屿的资源利用与可持续发展（Lubar，1986；Christophers 等，2018）[6-7]、岛屿历史文化和社会研究（Peachin，2018；Runyan，1998）[8-9]，并逐步扩展到海岛旅游发展的研究。在国内，海岛研究涵盖了多个方面的内容，包括海岛地理学（阮晓蕾等，2013）[10]、生态环境（贺林生等，2015）[11]、旅游资源开发（杨国栋等，2016）[12]和海洋环境管理[13]等方面。虽然相关研究已经有很多，但是从旅游发展和生态环境方面的耦合角度来看，相关研究仍然不足。

综上所述，当前海岛旅游和生态环境方面的研究缺乏定量和定性相结合的研究。因此，本章旨在通过对东山县旅游发展和生态环境现状进行分析与评价，并进行耦合度测算，探究影响旅游发展和生态环境耦合协调度的因素。同时，在发展旅游业的过程中，科学有效地保护生态环境，实现区域协调发展。

第一节　研究区域概况

东山县位于福建省南部，东临中国台湾海峡，与台湾隔海相望，南接漳浦县，西连云霄县，北与华安县相邻，是全国第六大、福建省第二大海岛县。该县总面积约248.9平方千米，下辖1个开发区、7个乡镇、61个行政村和19个社区，总人口达22.3万。该地区属于亚热带海洋性季风气候，全年无霜冻。地势西北高、东南低，以西北部低丘为主，东南部为风沙地。全县无大溪流，海岸线全长141千米，其中只有数条小溪沟长度不到5千米。除此之外，该地拥有众多港湾、广阔的滩涂和海域面积。随着疫情的慢慢解封，东山县再一次迎来了旅游高峰，2022年旅游收入达到了61.85亿元，旅游人数达到了523.16万人次。近年来，东山县经济发展突出，连续五次荣获福建省县域经济发展十佳县称号，并入选"中国最具投资潜力特色示范县"200强。同时，该县被选为首批国家全域旅游示范区之一。在生态环境保护和建设方面，东山县成为首批国家级海洋生态文明示范区、生态环境保护与建设示范区和国家生态县。东山县是东山群岛唯一的岛屿，拥有丰富的旅游资源和巨大的旅游产业发展潜力。然而，由于旅游开发与生态环境保护的不协调，该县面临着生态环境破坏等问题。如何协调海岛旅游发展和生态环境建设仍需要进一步探讨，这也是目前学术界研究的方向之一。因此，东山县的案例具有一定的典型性。

第二节　研究方法与数据来源

一、研究方法

（一）均值法

均值法是一种统计方法，通过计算一组数据的平均值，将该平均值作为这组数据的代表值，以更好地说明这组数据的趋势和特点（张学晶等，2008）[14]。对指标数据进行标准化处理时，采用均值法进行处理，以得到标准化后的指标值。

$$P_{ij} = \frac{X_{ij}}{\overline{X}} \tag{11-1}$$

式中，P_{ij} 表示数据标准化后数值；X_{ij} 表示原始数值；$\overline{X}$ 表示平均值。

（二）熵权法

熵权法是一种基于信息熵概念的多指标评价方法，通过比较各指标的熵值大小来确定它们在综合评价中的权重，进而实现对评价对象的综合评价（吕杨，2021）[15]。为了避免主观因素对指标体系权重的影响，本章结合指标的信息熵值，采用熵值法进行客观赋值，以确定各指标的权重。

1. 第 i 项指标 X_i 的熵值 e_i 计算

$$e_i = -k \sum_{j=1}^{n} Z_{ij} \ln Z_{ij} \tag{11-2}$$

式中，e_i 表示指标 X_i 的熵值；n 表示样本数量；Z_{ij} 表示标准化数值。

2. 评价指标 X_i 差异系数 h_i 计算

$$h_i = 1 - e_i \tag{11-3}$$

式中，h_i 表示差异系数；e_i 表示熵值。

3. 指标权重系数 W_i

$$W_i = h_i / \sum_{i=1}^{n} h_i \tag{11-4}$$

式中，W_i 表示指标 X_i 的权重系数，$0 < W_i < 1$。

4. 进行综合评价指数的计算

通过加权平均的方式得出海岛旅游发展和生态水平指数的值。

$$f(x) = \sum_{i=1}^{n} W_i P_{ij} \tag{11-5}$$

$$f(y) = \sum_{i=1}^{n} W_i P_{ij} \tag{11-6}$$

在式（11-5）、式（11-6）中，$f(x)$ 表示东山县旅游发展综合评价指数，$f(y)$ 表示东山县生态评价指数。

（三）耦合协调度模型

耦合度是分析不同系统或运动形态之间相互作用影响程度的指标，它反映了系统要素从混沌走向和谐的趋势，用于衡量系统内各要素之间和谐程度[16]。在本书中，耦合度所指为东山岛旅游发展与生态环境系统之间的耦合程度，其反映了这两个系统之间的耦合关系及其相互作用的影响程度[17]。东山县的旅游发展体系与生态体系之间相互依存、相互联系。采用耦合协调度模型可以清晰地揭示两者之间的相互影响程度及协调发展水平，其耦合协调度计算表达式如下：

$$C = \left\{ \frac{f(x) \times f(y)}{[(f(x) \times f(y)/2)]} \right\}^{k} \tag{11-7}$$

$$T = \alpha f(x) + \beta f(y) \tag{11-8}$$

$$D = \sqrt{C \times T} \tag{11-9}$$

在式（11-7）~式（11-9）中，D 表示海岛旅游发展水平与生态水平的耦合协调度，数值介于 0 和 1 之间，D 值越大，说明两系统之间耦合协调状况越好；C 表示耦合度；T 表示系统耦合协调指数；k 表示调节系数，本书取 $k=2$；$f(x)$、$f(y)$ 分别为旅游发展与生态保护指数；α、β 表示待定系数，考虑到耦合协调过程中海岛旅游发展与生态环境保护的贡献及作用程度相当，确定 α 和 β 为 0.5。为了更准确地评估海岛旅游发展与生态环境之间的耦合协调状况，本章借鉴了赵鑫（2014）[18]、王兆峰等（2020）[19]、孙晓等（2018）[20] 等学者的研究成果，同时，采用均匀分布函数法对耦合协调度的区间和等级进行划分，以实现对该领域的专业分析，如表 11-1 所示。

表 11-1　耦合协调度等级划分

协调度 D 区间	协调等级	协调度 D 区间	协调等级
0≤D≤0.1	极度失调	0.5<D≤0.6	勉强协调
0.1<D≤0.2	严重失调	0.6<D≤0.7	初级协调
0.2<D≤0.3	中度失调	0.7<D≤0.8	中级协调
0.3<D≤0.4	轻度失调	0.8<D≤0.9	良好协调
0.4<D≤0.5	濒临失调	0.9<D≤1	优质协调

二、数据来源

为确保本章中东山县相关数据的准确性和科学性，研究时段选择 2000~2022 年，以便对海岛型生态县旅游发展与生态环境耦合的演变规律进行历时性的探究。数据的主要来源为东山县统计局、东山县政府、东山县生态环境局、东山县文化体育和旅游局发布的相关统计年鉴与统计公报，其中包括生态指标、旅游指标、旅游发展状况、生态环境保护等多个方面的数据。

第三节　评价指标体系构建

根据全面性、系统性以及科学性原则，参考孙凯昕[21]、王家奇[22] 等学者的研究，结合东山县当地实际情况，经过指标筛选，构建出旅游规模、旅游效益、旅游服务共 3 个准则层，6 个指标的东山县旅游发展评价指标体系；生态环境状态、生态环境保护、生态环境压力共 3 个准则层，12 个指标的东山县生态环境评价指标体系，具体如表 11-2 所示。为了保证数据的准确性，在赋权之前需要用均值法对东山县 2000～2022 年接待游客人次、国内旅游收入、人均供水量、人均公共绿化面积等原始数据进行标准化处理，然后计算其差异化系数，最后通过熵权法计算旅游发展评价体系和生态环境评价指标体系的各项指标的信息熵，得出各项指标的权重。其中权重代表各个指标在评价体系中所占的相对比重，从表 11-2 可以看出系统层下各指标层权重分布差异较大。

表 11-2　东山县旅游发展与生态环境评价指标体系

系统层	准则层	指标层	单位	权重
旅游系统	旅游规模	接待游客	人次/万人	0.1962
	旅游效益	国内旅游收入	亿元	0.2320
		创汇收入	亿美元	0.1507
		住宿餐饮营业额	亿元	0.2069
	旅游服务	接待游客能力	床	0.1364
生态环境系统	生态环境状态	人均供水量	平方米	0.0619
		人均用电量	万千瓦时	0.1116
		煤气普及率	%	0.0729
		人均公共绿化面积	平方米	0.0672
		建成区绿化覆盖率	%	0.1116
		工业固体废物综合利用率	%	0.0763

系统层	准则层	指标层	单位	权重
生态环境系统	生态环境保护	污水集中处理率	%	0.1407
		万元 GDP 能耗	吨标准煤	0.01317
		人均工业废水排放量	吨	0.0763
	生态环境压力	人均工业二氧化硫排放量	吨	0.04693
		人均氨氮化物排放量	吨	0.0475
		人均工业固体废物产生量	吨	0.0832

第四节　东山县旅游发展水平分析

在旅游发展方面，东山县旅游发展综合得分整体呈现上升的趋势。2000～2007 年，旅游发展指数由 0.0502 上升至 0.0652，处于初步平稳发展阶段。2002 年，东山县被列为福建东山县谋划建设全域旅游示范区，形成城乡一体、全域互联的旅游格局，也将东山县作为全国旅游业的先锋地带和新焦点、省旅游重点县。这标志着东山县旅游产业开始得到政府高度重视，也成为东山县发展旅游的重要契机。东山县受到了政府重视和支持，为东山县旅游产业的快速发展打下了坚实的基础，也让东山县旅游业逐步实现成熟、多元及创新。2007～2014 年，旅游发展指数由 0.0652 增长至 0.5171，处于匀速增长阶段。2011 年，东山县启动了文化旅游示范村建设，旨在通过改善村庄环境、传承文化遗产、发展旅游业等途径，推动农村经济发展和乡村振兴，文化旅游产业开始蓬勃发展。2014～2019 年，旅游发展指数由 0.5171 增长至 0.9080，处于快速发展阶段。东山县谋划建设全域旅游示范区，形成城乡一体、全域互联的旅游格局，也将东山县作为全国旅游业的先锋地带和新焦点。2018 年，东山县被评为"全国生态旅游示范区"，这标志着东山县的旅游企业、旅游业政策、旅游服务水平和旅游资源条件等方面都达到了较高的水平，对于进一步推动旅游业发展起到了重要的作用。2019～2022年，旅游开发指数由0.9080下降至0.7554，处于急剧下降阶段。2019年末疫情暴发，受旅游限制、安全问题和经济形势影响，以及旅游设施关闭等原因导致东山县旅游人数减少。然而，随着疫情被有效控制，政府加大了对旅游业的政策支持力度，旅游业也将逐渐复苏。

第五节　东山县生态环境保护水平分析

在生态保护方面，东山县生态保护综合得分呈总体上升的趋势，2000～2010年，生态保护指数由0.3848上升至0.7254，处于缓慢上升阶段。东山县人口众多，农村居民以种植经济作物为主要生计，因此砍伐了大量的森林用于耕种或养殖业。除此之外，县城的扩张以及基础设施建设也使得大片森林消失。2004年，东山县正式开始了退耕还林工作，逐渐实现了生态环境及生物多样性的恢复和提升。2010～2019年，生态环境保护指数由0.7254下降至0.6610，处于发展停滞阶段。2010年以后，旅游的发展一定程度上阻碍了东山县生态保护的程度（见图11-1）。自2010年以来，东山县旅游业快速发展，给生态保护带来负面影响。游客数量增加导致垃圾污染加剧，垃圾处理难度大幅提高，严重危害当地生态环境。为满足游客需求，存在一些无序开发和商业活动，对保护区内的原始植被造成破坏，给生物多样性和生态环境平衡带来显著影响。2014～2017年生态环境保护指数为0.7179～0.7190，处于稳定阶段。2017年，该县在生态环境保护和资源利用等方面取得显著成就，成为全国生态环境保护的典范之一，提升了知名度和形象，吸引了游客和投资者，促进了当地经济发展，推动了生态旅游、生态农业等新兴产业的发展。同时，作为生态示范县，东山县先进经验和技术也带动了周边地区生态环境的保护和建设。2019~2022 年，生态环境保护指数由 0.6610 上升至 0.7031，处于回升阶段。在疫情防控期间，由于旅游业受到冲击，东山县的生态环境得到了改善和保护。空气质量得到了显著提升，当地的自然资源和土地得到了更好的保护，有利于生物多样性的保护和土地的生态环境恢复。同时，疫情也迫使当地政府和企业开始思考如何实现可持续发展，从而促进了当地的生态环境保护和生态环境建设，为东山县的可持续发展奠定了基础。

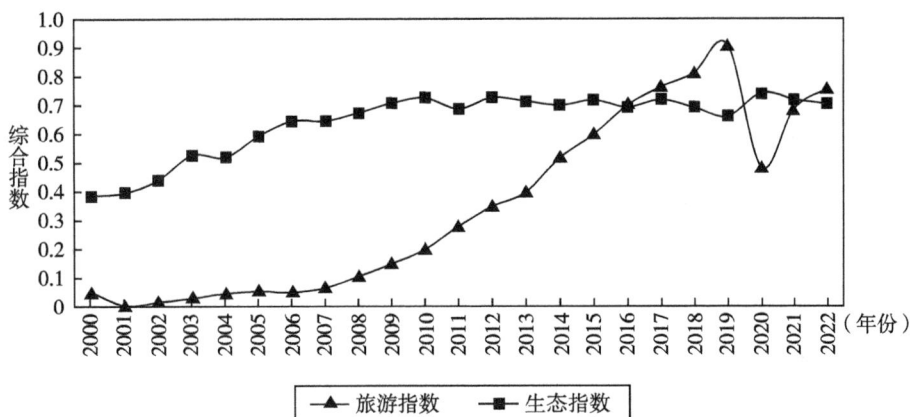

图 11-1 东山县旅游发展与生态水平

资料来源：笔者自行调查测算编制。

第六节 东山县旅游发展与生态环境
耦合协调度分析

为了更好地分析东山县旅游发展与生态环境两大评价体系之间相互协调的程度，本章运用两大体系的综合得分来计算出两者之间的耦合协调度。由

表 11-3 可知，在 2000~2022 年东山县旅游发展与生态环境两大评价体系之间的耦合协调水平处在 0.3728~0.8537。呈现出前期快速耦合，后期缓慢耦合的趋势。在这 23 年中，东山县的旅游发展水平不断提升，经济不断发展，使得东山县生态保护得到了更多经济方面的支持，旅游发展与生态环境两大评价体系在往好的方向发展，发展情况为从严重失调阶段逐渐转向良好协调阶段。但是，整体发展速度仍较为缓慢，反映出东山县旅游发展与生态环境两大评价体系仍处在磨合期。主要是由于东山县旅游发展起步时间较晚，发展水平较低，故旅游发展与生态环境的协调水平不高，协调发展仍有上升的空间。

2000~2004 年，东山县旅游发展与生态环境耦合协调度从 0.3728~0.3908下降，这一时期的耦合协调度最低，旅游开发和生态环境保护还没有受到重视。2000~2007 年，东山县旅游发展与生态环境耦合协调度虽然不断融合，但仍处于失调阶段。2007 年以后，耦合度处于有序稳固的阶段，但是总体变化不大，增长缓慢，提升较小，总体上处于不断耦合阶段。2015 年，耦合协调度由中级协调向良好协调过渡，主要原因在于为了实现漳州东山县经济的可持续发展，东山县在 2015 年后加强旅游产品开发和推广，打造具有地域特色的旅游产品，修建高标准的旅游配套设施，引导旅游产业向高端、多元化方向发展，并加强生态保护和修复工作。同时，建立旅游监管机制，加强对旅游市场的监管和管理。这些政策和措施的实施促进了东山县旅游和生态环境的发展，从而实现了旅游发展与生态环境耦合协调度由中级协调向良好协调的过渡。

表 11-3 东山县旅游发展与生态耦合协调分析

年份	东山县旅游发展指数 $f(x)$	东山县生态指数 $f(y)$	耦合度 C	耦合协调指数 T	耦合协调度 D	耦合协调等级
2000	0.0502	0.3848	0.6390	0.2175	0.3728	轻度失调
2001	0.0032	0.3949	0.1795	0.1990	0.1890	严重失调
2002	0.0152	0.4395	0.3592	0.2273	0.2858	中度失调
2003	0.0293	0.5267	0.4467	0.2780	0.3524	轻度失调

续表

年份	东山县旅游 发展指数 $f(x)$	东山县生态 指数 $f(y)$	耦合度 C	耦合协调 指数 T	耦合协调度 D	耦合协调 等级
2004	0.0449	0.5190	0.5416	0.2819	0.3908	轻度失调
2005	0.0525	0.5930	0.5469	0.3228	0.4201	濒临失调
2006	0.0491	0.6448	0.5131	0.3470	0.4219	濒临失调
2007	0.0652	0.6458	0.5772	0.3555	0.4530	濒临失调
2008	0.1044	0.6735	0.6818	0.3890	0.5150	勉强协调
2009	0.1486	0.7073	0.7575	0.4279	0.5693	勉强协调
2010	0.1982	0.7254	0.8211	0.4618	0.6158	初级协调
2011	0.2777	0.6875	0.9054	0.4826	0.6610	初级协调
2012	0.3470	0.7265	0.9355	0.5367	0.7086	中级协调
2013	0.3965	0.7145	0.9582	0.5555	0.7296	中级协调
2014	0.5171	0.6999	0.9887	0.6085	0.7756	中级协调
2015	0.5983	0.7179	0.9959	0.6581	0.8095	良好协调
2016	0.6987	0.6931	1.0000	0.6959	0.8342	良好协调
2017	0.7633	0.7190	0.9996	0.7411	0.8607	良好协调
2018	0.8118	0.6917	0.9968	0.7517	0.8656	良好协调
2019	0.9080	0.6610	0.9875	0.7845	0.8802	良好协调
2020	0.4832	0.7417	0.9775	0.6124	0.7737	中级协调
2021	0.6846	0.7198	0.9997	0.7022	0.8379	良好协调
2022	0.7554	0.7031	0.9994	0.7292	0.8537	良好协调

资料来源：笔者自行调查测算编制。

第七节　结论与对策

一、结论

本章通过对东山县 2000～2022 年的旅游发展与生态环境进行耦合协调度分析，得出的结论有以下三个：

（1）东山县旅游发展水平呈先波动上升后下降的变化趋势，但整体呈现上升趋势。东山县旅游发展指标体系由旅游规模、旅游效益、旅游服务三个方面组成。2000~2014年，旅游发展指数由0.0502上升到0.0652，处于波动上升阶段；2007~2014年，旅游发展指数由0.0652下降到0.5171，处于匀速增长阶段；2014~2019年，旅游发展指数由0.5171上升到0.9080，处于快速发展阶段；2019~2022年，旅游发展指数由0.9080下降到0.7554，处于急剧下降阶段。

（2）东山县旅游发展水平呈现不断上升的趋势。生态环境水平评价指标体系由生态环境状态、生态环境保护、生态环境压力三个方面构成。2000~2010年，生态环境保护指数由0.3848上升到0.7254，处于缓慢上升阶段；2010~2019年，生态环境保护指数由0.7254上升到0.6610，处于发展稳定阶段；2019~2022年，生态环境保护指数由0.6610上升到0.7031，处于回升阶段。

（3）东山县旅游发展与生态环境保护耦合协调水平逐年上升，但与优质协调仍存在一定的差距。2000~2007年东山县旅游发展与生态环境耦合度呈现缓慢增长的趋势，为失调阶段；2007~2014年耦合协调度由0.4530提升到0.7756，经历了勉强协调—初级协调—中级协调的发展过程；2014~2022年为良好协调阶段。

二、相关对策

针对东山县旅游发展与生态环境的耦合协调度问题，本章提出以下六项对策：

（1）制定旅游发展规划，合理安排旅游资源开发利用。要坚持"节约优先、保护优先"原则，优先选择保护生态环境的旅游模式，同时避免过度开发造成生态破坏。

（2）加强环境监测和污染治理。要建立健全环境监测机制，及时发现和治理旅游活动带来的环境污染，确保旅游发展与生态环境协调。

（3）加强宣传教育。要加强对游客、旅游从业人员等的环境保护教育，通过宣传和教育，提高游客自觉遵守旅游规则的意识，营造良好的旅游环境。

（4）推动旅游业与生态农业、生态林业等产业的融合发展。要积极引导旅游企业与当地农民合作，发展有机农业、特色林业等与旅游业相融合的产业，促进旅游业和生态经济的协调发展。

（5）建立旅游环境保护基金。通过设立旅游环境保护基金，对旅游业发展中的环境保护工作进行资金投入和支持，确保旅游发展与生态环境协调。

（6）加强政府监管和执法，严格管理旅游行业。政府应该加强监管和执法，严厉打击各种非法经营和恶性竞争行为，使旅游市场更加规范化和健康化。

参考文献

［1］张新放，吕靖.21世纪海上丝绸之路港口体系时空格局演变［J］.经济地理，2019，39（11）：8.

［2］李渝.21世纪海上丝绸之路战略下中国海洋经济的发展路径研究［J］.经济导刊，2020（7）：108-111.

［3］窦婷婷.海岛旅游的可持续发展研究——基于台湾海岛旅游业的案例分析［J］.科技资讯，2017（3）：130-132+135.

［4］刘冲，张涛，杨旭.国家级生态县的评定及意义［J］.新技术新工艺新材料，2019，17（12）：79-80.

［5］Lindquist, Galaty, and Lewellen. Islands and Islanders: Anthropology and the Radial Imaginary［M］. Champaign: University of Illinois Press, 2005.

［6］Lubar S L. Island at the Edge of the World: South Georgia, a British Colony, 1877-1939［M］. Champaign: University of Illinois Press, 1986.

［7］Christophers, Brett, Majd AlBalooshi, Liam Campling, Andrew E Grant,

Andrew W Neal, Vanessa Timmer, and Gerard van Keken. The Political Ecology of Small Islands: Developing Resilience to Climate Change [M]. Cheltenham: Edward Elgar Publishing, 2018.

[8] Peachin M. Island Worlds: The Roman Mediterranean [M]. Cambridge: Cambridge University Press, 2018.

[9] Runyan T J. Island Time: An Illustrated History of St. John's Island [M]. Columbia: University of South Carolina Press, 1998.

[10] 阮晓蕾, 丁志峰, 唐崇正. 中国海岛地理学研究的回顾与展望 [J]. 地理科学进展, 2013, 32 (10): 1499-1509.

[11] 贺林生, 杨静波, 王者萌. 中国南海岛礁生态环境研究 [J]. 渔业科学进展, 2015, 36 (2): 48-56.

[12] 杨国栋, 龙顺波, 冯宸. 海洋岛屿旅游资源开发管理研究——以海南省为例 [J]. 旅游学刊, 2016, 31 (10): 65-74.

[13] 吴一丽, 李可, 毕学军. 海洋岛屿海洋环境质量与管理研究 [J]. 海洋开发与管理, 2017, 34 (9): 78-85.

[14] 张学晶, 李志柏, 周广洲. 均值法测量径流量及其误差分析 [J]. 中国环境监测, 2008 (1): 68-71.

[15] 吕杨. 基于熵权法的区域创新能力评价研究 [J]. 科技进步与对策, 2021 (16): 56-59.

[16] 蒋天颖, 刘程军. 长江三角洲区域创新与经济增长的耦合协调研究 [J]. 地域研究与开发, 2015, 34 (6): 7.

[17] 黄金川, 方创琳. 城市化与生态环境交互耦合机制与规律性分析 [J]. 地理研究, 2003, 22 (2): 10.

[18] 赵鑫. 旅游经济与生态环境耦合关系及协调发展 [J]. 财经问题研究, 2014 (S1): 238-240.

[19] 王兆峰, 杜瑶瑶. 长江中游城市群交通—旅游产业—生态环境的耦

合协调评价研究［J］．长江流域资源与环境，2020，29（9）：12.

［20］孙晓，李英．黑龙江旅游经济与生态环境耦合关系及协调发展分析［J］．新疆大学学报（自然科学版），2018，35（2）：228-234.

［21］孙凯昕．京津冀旅游与生态系统耦合协调发展时空演变研究与因素分析［D］．燕山大学，2021.

［22］王家奇，安红燕，许建武，康才周，张涛．石羊河流域经济—旅游—生态耦合关系研究［J］．西北师范大学学报（自然科学版），2022，58（3）：129-134.

第十二章　基于生态系统服务价值合理消耗的生态旅游岛发展路径研究

为深入学习贯彻习近平总书记关于旅游工作的重要论述、来闽考察重要讲话精神，福建省第十一次党代会、漳州市第十二次党代会及东山县第十四次党代会精神，全力打造东山"生态旅游岛"，围绕生态旅游岛的目标定位，以新发展理念引领东山县旅游业高质量发展，结合东山县实际情况，借鉴国外知名海岛旅游开发的经验和做法，为东山建设生态旅游海岛提供了参考依据。

第一节　生态旅游岛的内涵、特征及建设标准

作为东山岛实现发展旅游的目标——生态旅游岛，在探讨如何实现目标前，必须先了解生态旅游的内涵、特征建设标准及实现的生态旅游岛的三个发展阶段。

一、生态旅游岛的内涵及特征

生态旅游岛是一种注重生态保护和可持续发展的旅游发展模式。它将生态

环境保护与旅游业的发展紧密结合起来，在自然环境和文化资源丰富的海岛上提供丰富多样的旅游产品和服务。生态旅游岛具有良好的生态环境、丰富的历史文化和人文资源、个性化的旅游产品和服务等特点，旨在提高游客对自然景观和文化遗产的认识与保护意识，促进经济、社会和环境的可持续发展。同时，在开发旅游业的同时，生态旅游岛也重视保护生态环境、避免破坏文化遗产，并强调可持续发展，确保岛上的环境和资源能够持续发展（陈友荣，2013）[1]。

二、生态旅游岛的主要特征

（一）独特的自然生态环境

生态旅游岛的自然环境是其最大的魅力，这些环境的独特性包括海洋生态、山区生态、水域生态、陆地生态等（邓云成等，2020）[2]。例如，海洋生态岛屿可以拥有神奇的海底珊瑚世界，神秘的海洋生物群落，许多水上娱乐项目；山区生态岛屿可以拥有茂密的森林，清新的空气以及漫山遍野的鲜花和野生动物；水域生态岛屿可以提供各种水上项目，例如划艇、帆船、潜水等，陆地生态岛屿则有山川秀丽、土地肥沃的优势。

（二）丰富的自然资源

生态旅游岛通常拥有丰富的自然资源，例如雄伟的山脉、丰富的动植物、壮观的火山景观、温泉水源等。这些自然资源可以为旅游开发提供基础，同时也可以使旅游资源更加独特、别具特色（章锦河，2022）[3]。

（三）生态保护

生态旅游岛注重保护和恢复自然环境，鼓励游客通过旅游活动参与感受自然之美的同时，也要保护自然资源（张茂莎等，2022）[4]。生态旅游岛在本地居民、游客、企业等各方面的共同努力下，进行生态保护，知行合一，实践可持续发展理念，保护和利用好自然资源，实现资源、经济、环境三者的协调发展。

（四）以旅游为主导的经济发展

生态旅游岛将旅游业作为主要经济支柱来发展经济（汪宇明等，2010）[5]。这样不仅可以加强自己的经济实力，更可以为当地居民提供多样化的就业机会，促进部分地区的发展，还可使政府对岛上的资源进行合理规划和管理，实现资金的最优分配。

（五）多元化的旅游产品

生态旅游岛提供多元化的旅游产品。除了旅游景点之外，还有各种活动项目，如徒步、骑行、滑翔伞、滑雪、潜水以及海岛观光游等。同时，还可以开展定制化旅游，为游客提供个性化、多样化的旅游体验。

（六）自然体验和互动

生态旅游岛鼓励游客参与自然互动和体验，通过开展探险、生态农业、文化遗产鉴赏等活动，使其能够更好地了解生态岛屿的特色，提高游客的参与感和满意度。这种自然体验和互动，不仅可以为游客带来美好的记忆，更可以加深游客对生态环境保护的理解和认识。

（七）社会和文化环境

生态旅游岛的社会和文化环境是其独特之处。不同于其他旅游岛，生态旅游岛在文化资源方面也较为丰富。在这个环境中，游客可以感受到龙舟赛、沙滩排球比赛、花灯表演、舞蹈表演以及当地传统节日等。同时，游客还可以参观博物馆、考古遗址和历史建筑等历史文化遗产，了解当地的历史文化，感受生态岛屿的独特魅力。这些文化资源和活动可以帮助游客更好地了解生态岛屿的人文历史和文化内涵，为旅游增添了新的价值和吸引力。

三、生态旅游岛建设标准及发展阶段

（一）生态旅游岛建设标准

生态旅游岛建设标准是指在建设生态旅游岛的过程中，需要遵循的一系列规范和标准。这些标准包括生态环境保护标准、基础设施标准、农业和畜牧业标准、文化和历史标准以及应急预案标准。

1. 生态环境保护标准

生态旅游岛建设应该以自然环境的保护为主，建设过程中应该注重对生态环境的保护。因此，需要在建设之前，对生态环境进行详细的调查和评估，以保护野生动植物、珊瑚礁、森林、海滩、湖泊等自然景观。在生态旅游岛建设过程中，应采取可持续发展的方式进行开发，保持环境的生态平衡。对于生态环境的保护，需要做到以下五点：

（1）实施生态保护措施，如保护珊瑚礁、捕捞限制、保护野生动植物等。

（2）制定环保规章制度，建立机制，督促和检查生态环境的保护工作。

（3）加强生态建设、科研和监测工作，对生态环境进行监测和评价。

（4）将生态保护纳入岛屿整体规划中，注重环境影响评价和环境风险评估。

（5）鼓励游客采取可持续发展的旅游方式，如徒步旅游、自行车旅游等。

2. 基础设施标准

为保障游客的基本需求，生态旅游岛建设应该建设适当的酒店、餐厅、商店、交通等基础设施。基础设施的建设应该做到规模适度、布局合理、实用经济以及环保节约，确保生态旅游岛能够满足游客的基本需求。具体而言，需要从以下五个方面进行规划和建设：

（1）酒店设施。生态旅游岛需要建设符合环保要求的酒店，包括度假大酒店、精品酒店、青旅等，以满足不同旅游需求。

（2）餐厅设施。建设符合当地特色的餐饮设施，提供当地美食和特色餐饮，同时加强环保意识，鼓励采用可持续发展的环保方式。

（3）交通设施。生态旅游岛需要建设现代化的交通设施，包括机场、码头、公路等，提供高效、便捷、安全的交通服务。

（4）商店设施。为游客提供便利性购物，建设具有地方特色的艺术品、工艺品和土特产等商店。

（5）日常生活设施。如公共卫生设施、水电设施等。

3. 农业和畜牧业标准

生态旅游岛可以以生态畜牧和农业为发展重点，注重生态环保，发展绿色畜牧和农业，保护当地的生态环境和自然资源，并为旅游者提供最新鲜、最有机的农畜产品。农业和畜牧业的发展需要满足以下四项标准：

（1）采用有机农业和生态畜牧方式，保证农畜产品的品质和环境友好。

（2）确定农畜业的规模和发展方向，根据当地的环境和资源特色采取相应的发展策略。

（3）加强农业和畜牧业的管理与监督工作，保障有机农畜的安全和品质。

（4）将生态农畜产品与旅游产业相结合，为旅游者提供更加健康和安全的饮食。

4. 文化和历史标准

生态旅游岛建设应该保护本地区的文化和历史遗产，并将其融入生态旅游，为游客提供独特的文化体验。具体而言，需要做到以下五个要点：

（1）保护当地文化和历史遗产，如传统建筑、当地传统文化等。

（2）力求将本地文化和历史遗产融入旅游活动中，为游客提供独特的文化体验。

（3）开设博物馆、纪念馆、文化村、表演场地等，为游客提供了解本地文化和历史的机会。

（4）挖掘本地文化资源，开发新的旅游产品，提供更加丰富、真实的旅游体验。

（5）建立文化、历史等相关规章制度，加强文化和历史遗产的保护与管理。

5. 应急预案标准

应急预案可以确保岛上旅游和生态状况的平稳，一旦发生突发事件或灾害等情况，可以迅速处理和应对，有效保障游客的生命财产安全。为制定应急预案，需要从以下四个方面入手：

（1）确定应急预案的组织机构，设立岛屿应急预警、应急响应和应急救援机构。

（2）制定应急预案，包括应急响应程序、应急指挥机制、应急处置流程等，并定期进行演练和修订。

（3）采用高新技术手段，提高应急救援能力，如通过无人机和卫星等技术手段进行观测和监控。

（4）对游客进行安全意识教育，加强游客的安全管理工作。

（二）生态旅游岛发展阶段

生态旅游岛发展建设分为四个阶段，规划建设阶段、建设阶段、运营阶段和深耕发展阶段。生态旅游岛是一种以环保为基础的新型旅游产品和旅游模式，其建设需要从规划、建设、运营、发展等方面进行全面、多角度的考虑和规划。生态旅游岛的发展需要一个全面、闭环性的体系，对于这个闭环体系应该维持一个接受、鼓励和引导的关系，提高旅游的品质和深度，具体发展阶段如表 12-1 所示。

表 12-1　生态旅游岛不同阶段的特征

发展阶段	生态旅游岛不同阶段的特征
规划建设阶段	规划建设阶段主要包括与官员商议和规划、网络研究、立项、前期勘察等工作。在阶段上，首先需要商议确定生态旅游岛的目标和方向，从而明确岛屿的旅游规模，针对不同用户群体的规划以及基础设施的配备等进行规划，其次则需要进行宏观勘察，以获取更多的自然和地理条件信息，为岛上后期发展做出了详细的准备
建设阶段	建设阶段基本完成规划的基础上，开始进行建设。主要包括岛上酒店、旅游景点、交通、水电、医疗等基础设施的建设，同时也需要开展旅游配套设施的建设，例如餐饮、购物、休闲等项目。在建设过程中，应该注重与生态环境的协调发展，加强环保和能源利用，降低能源消耗和环境影响
运营阶段	生态旅游岛进入运营阶段后，主要开展旅游服务、管理和市场推广等工作。在这个阶段，需要保障游客的基本旅游需求，包括餐饮、住宿、购物、娱乐等服务，积极开展促销活动，提高岛屿的知名度和服务质量

发展阶段	生态旅游岛不同阶段的特征
深耕发展阶段	在生态旅游岛进入深耕发展阶段后，需要进一步完善服务、更新旅游产品，提高岛上的资源利用效率，加强生态环境保护和可持续发展理念的推广。此外，可以继续开展新的旅游项目，打造岛屿独特的旅游体验，提高游客对生态旅游岛的印象和满意度，促进岛屿旅游产业的发展和创新

第二节　国际知名海岛旅游开发的经验和借鉴价值

通过对印度尼西亚巴厘岛、泰国普吉岛、马尔代夫、韩国济州岛、美国夏威夷群岛、墨西哥坎昆、澳大利亚大堡礁、马耳他 8 个国际知名海岛旅游开发的经验和做法进行分析，为东山发展海岛旅游、建设国际海岛提供了借鉴和启示。

一、国际知名海岛案例介绍

(一) 印度尼西亚巴厘岛

1. 自然地理环境和旅游发展现状

巴厘岛是印度尼西亚的一个省，管辖五个城市，总人口超过 340 万，其居民普遍信奉印度教，总面积为 5632 平方千米，属于热带海岛气候，年平均温度约为 28℃，湿度较高，从来没有过台风。巴厘岛自然生态环境优美，它有许多美丽的海滩、广阔的海域和常年清澈的海水。海底覆盖着珊瑚，还有许多种类的热带鱼。岛上没有污染，植被茂盛，植物种类繁多。最常见的椰子树、棕榈树和向日葵树构成了热带岛屿的美丽风光和独特魅力。在过去的 30 年里，其旅游业保持了稳定的发展。每年有 500 多万外国游客访问巴厘岛。中国是巴厘岛第二大游客来源地，仅次于澳大利亚，2016~2020 年巴厘岛游客接待人数如表 12-2 所示。巴厘岛多次被美国旅游和休闲部门选为本年度最佳度假岛目的地。巴厘岛的酒店入住率超过 70%，每年直接赚取超过 15 亿美元的外汇。巴厘岛的酒店业高度发达，有许多具有不同特色和档次的酒店。2019 年全省酒店 507 家，客房 70146 间，床位 97099 张，入住率为 59.57%。有 3912 家非星级酒店、53253 间客房和 72469 张床位。该省有 73 家四星级酒店和 144 家四星级酒店，主要集中在巴东县的 Nusa Dua、Kuta 和 kimbalan、登巴萨市的 Sha-nur 和 Gianya 县的 ubu。全省共有 416 家旅行社和 2864 家餐馆。巴厘岛旅游找到了自己独具一格的开发方式。

表 12-2　2016~2020 年巴厘岛游客接待人数

人数（万人）	2016 年	2017 年	2018 年	2019 年	2020 年
游客接待人数	480	480	650	620	100（受疫情影响）

资料来源：笔者自行调查编制。

2. 区域经济发展条件

2019 年，巴厘省的地区 GDP 为 25.2 万亿印尼盾，增长 5.63%，低于 2018 年的 6.33%。区域人均 GDP 为 5824 万印尼盾（按 1 美元 = 15000 印尼盾的汇率计算，约合 3883 美元），与 2018 年的 5462 万印尼盾相比，增长了 6.21%。自 2019 年 9 月起，该省共有 157000 名贫困人口，贫困率为 3.61%，低于印度尼西亚全国平均水平（9.22%），是除雅加达以外贫困率最低的省份。巴厘省的贫困线为每人每月 412906 荷兰盾（按 1 美元 15000 荷兰盾的美元汇率计算，合约为 27.53 美元），2019 年 9 月的基尼系数为 0.31。2019 年巴厘岛出口额为 5.9 亿美元，较 2018 年下降 0.7%。进口额为 2.7 亿美元，比 2018 年增长 0.12%。主要出口市场为美国、新加坡、澳大利亚、日本和中国。

3. 主要旅游资源

巴厘岛以其美丽的自然和文化景观而闻名。它被称为"天堂岛""诗歌岛""仙女岛"等。著名景点有海神庙、库塔海滩、情人崖、圣泉寺、白沙基木寺、阿贡火山等。海神庙建在海滩上的巨石上。黄昏落潮时景色迷人。这是岛上有名的风景。白沙基木寺是巴厘岛最重要和最大的印度教寺庙群。此外，巴厘岛还拥有巴厘岛野生动物海洋公园、巴厘岛鸟类公园、努沙公园、天坛剧场等主题景点。巴厘岛是印度尼西亚文化的宝库之一。它以舞蹈、音乐、雕塑和绘画而闻名。最具代表性的舞蹈是巴龙舞、乐宫舞和凯卡舞。乌布因其绘画和雕塑艺术而闻名，并拥有许多艺术博物馆。那里的木雕和绘画中心珍藏着许多艺术品，艺术家们也在现场制作。这是一个购买木雕、蜡染、银首饰、珠子和其他手工艺品的好地方。巴厘岛深受中国文化的影响。中国古代铜币是巴厘岛印度教祭祀活动的重要祭品。中国女孩江菁薇和巴厘岛古代国王查亚·潘格斯的爱情故事在巴厘岛广为流传。梁山伯和祝英台的故事被当地人改编，并以戏剧、歌舞和文学的形式展示。

4. 开发模式

（1）确立发展文化旅游的目标。"为当地人打造一个有价值的旅游品牌和一个幸福的家园"是巴厘岛旅游发展的唯一目标。除了阳光、海岸、椰林等自然环境外，巴厘岛最丰富、最独特的文化也是最吸引游客的因素之一。始终以文化促旅游发展，形成共识，努力"形成有价值的文化旅游"。为了实现这一目标，巴厘岛认真做了三件事：①向游客介绍巴厘岛基于当地人的文化旅游，如举世闻名的巴厘舞、木雕、石雕、绘画、蜡染等艺术，当地具有浓郁民族特色的寺庙、房屋等建筑，以及当地人民日常的"敬神"等生活习俗，巴厘岛印度教被当地人广泛信奉，是所有文化的核心。②整个社会在实现这一发展目标方面都非常坚定和专业。根据当地人民对旅游业发展的共识，巴厘岛独特的艺术和文化将在世界各地展示，并将举行各种宣传会议，改善各种旅游设施，如道路、酒店和旅游标志系统。③为游客提供最好的服务。增加直航，实施适当的签证政策，严格培训旅游专业人员，共同为全社会营造良好的旅游氛围。巴厘岛居民主动为游客让路，对游客微笑，让游客感觉"宾至如归"。

（2）发展沿海资源开发模式。东南亚沿海旅游业的发展最初是为了满足游客的需求，是由各种感兴趣的开发商开发的。该岛这种自发和无计划的开发导致了严重的环境污染和海滩退化。为了避免计划外开发的后果，巴厘岛的沙杜阿海滩是利用东南亚几个重要海滨度假胜地的规划理念开发的第一个综合旅游资源。这些规划概念包括渐进式发展、酒店离海滩有一段距离、建立通往海滩的公共走廊、污水系统与污水处理厂分开建设、周边岛屿景观公园建设、领土规划原则等。Nusa Dua 是一个综合性的政府资助旅游资源，已成为印度尼西亚其他地区建设沿海旅游胜地的典范。

（3）文化发展的分散形式。巴厘岛的发展不以中心城市为核心，而是因地制宜采用分散发展模式。巴厘岛有美丽的白色海滩和温暖的阳光。库塔和杜阿是许多游客最喜欢的地方；东部和北部吸引喜欢户外活动的人。图兰本是印度尼西亚最好的潜水场之一。登山者喜欢攀登巴杜尔火山；华中可以说是一次艺术之旅。巴图布兰、苏鲁村、森林陶瓷村及重要的艺术城市乌布是石雕的故乡，让人感受到宗教文化氛围。吸引游客的原因不仅是宜人的自然景观，还有其丰富而独特的印度教地域文化和社会习俗。"巴厘模式"的核心是在旅游服务设施的各个方面部署独特的地方文化个性，让游客在住宿、餐饮、娱乐的各个环节都能感受到丰富的巴厘风格。

（4）整合天人自然"三位一体"发展理念。①人与自然的和谐。巴厘岛历史悠久，宗教色彩浓厚。大约95%的巴厘人相信阿加玛的印度教。他们相信万物都是神，树就是树神，路就是路神，等等。岛上有许多寺庙，甚至有一万多座，处处体现着人与天的和谐。巴厘人在日常崇拜和捍卫宗教信仰中体现了这一理念。它体现在日常崇拜中，促进宗教信仰。②人与人之间的和谐。印度尼西亚有100多个民族，提倡人民之间的相互尊重与和谐，包括当地居民、外国投资者和游客。③人与自然的和谐。保护自然景观，与自然和谐相处。巴厘人不能住在比椰子树高的房子里，最高只能是四层楼。如果超过该高度，那么会将其拆除。至少有30%的建筑装饰具有巴厘风格，原材料必须来自巴厘岛，以促进当地经济发展。与此同时，无论是国际品牌酒店还是外国酒店在巴厘岛建造房屋时，当地建筑师都必须参与其中，以保持对建筑的共识。这种共识意味着巴厘岛的建筑风格趋于统一。

（二）泰国普吉岛

1. 自然地理环境和旅游发展现状

普吉岛位于泰国南部，北纬 8°，面积与新加坡相近。它是世界十大岛屿之一；普吉岛夏季凉爽，冬季温暖，非常宜居；它占地 570 平方千米。普吉岛是一个由北向南延伸的狭长岛屿。岛上主要地形为连绵丘陵、少量盆地和 39 个离岛。该岛南北长 48 千米，东西宽 21 千米。该岛北部以 Phangaga 湾为界，与 490 米宽的 Pak Phra 海峡相连。普吉岛面对安达曼海，其气候受到海洋季风的影响。上半年天气炎热，下半年多雨。

普吉岛有 25 万居民。普吉岛有近 40 年的旅游发展历史。20 世纪 80 年代末，普吉岛受到了世界各地高端度假者的热烈欢迎。它每年接待 350 万游客。自 2017 年以来，普吉岛国际机场报告称，普吉岛游客的年增长率为 11.3%，2017 年有 840 多万游客访问普吉岛。2018 年，普吉岛的游客人数约为 900 万，在疫情暴发前呈逐年上升趋势。普吉岛的主要客源市场是中国、俄罗斯、澳大利亚、韩国和英国。其中，中国大陆占总数的一半以上。

2. 区域经济发展条件

2022 年，普吉岛最新人均 GDP 为 357498 泰铢，居泰国南部人均 GDP 之首。普吉岛的旅游业是经济的引擎。普吉岛 80% 的收入和利润来自旅游业。2016 年，泰国提出了跨越未来 20 年的"泰国 4.0"计划，希望通过创新产业促进经济发展。智慧城市计划是该战略的一部分，旨在整合数字技术、能源和交通，从而提高当地居民的生活质量。普吉岛、清迈和香港是首批智慧城市试点项目。普吉岛也被选为泰国发展数字经济的试点先驱。

3. 主要旅游资源

普吉岛的旅游观光业从 1970 年开始逐渐兴起，是东南亚具有代表性的旅游度假胜地。岛的西海岸正对着安达曼海，那里遍布原始幼白的沙滩，每个沙滩都有各自的优点和魅力，白色的海滩，奇形异状的石灰礁岩，以及丛林遍布的山丘，每年都会吸引大量旅客。普吉岛有著名的"3S景观"，来自于当地人对家乡的总结：sunshine—阳光，sea—海水，sand—沙滩。这些大自然所赠予人类的宝物，被虔诚的泰国人奉为最珍贵的财产。主要的旅游景点有以清净著称的卡马拉海滩，有私密性风格的苏林海滩，有经常举行海上运动的珊瑚岛，还有夜生活较丰富的芭东海滩等。

4. 开发模式

（1）普吉岛形成了特色鲜明的 IP 形象，普吉发展了自己的特色，创造了自己独特的知识产权。众多的泰国寺庙、无处不在的佛教文化、独特的人妖表演、丰富新鲜的热带水果、众多的传统节日和友好的泰国人，都是泰国吸引游客的法宝。普吉岛的每个岛屿都有自己独特的定位。皮皮岛是炙手可热的度假胜地；帝王岛是一个与世隔绝的天堂。攀牙湾，素有"小桂林"之称的海湾，是 007 电影拍摄的所在地；珊瑚岛是潜水和其他水上运动的好地方。

（2）普吉岛的产品多样化。为了留住游客，我们必须提供各种各样的旅游产品供人们选择。除了美丽的自然风光之外，泰国的岛屿上还有各种各样的娱乐项目。在普吉岛，游客不仅可以在不同的海岸和岛屿享受不同的自然美景，还可以参加各种水上运动、温泉 SPA、高尔夫、极限运动和丛林探险。他们还可以品尝各种美味佳肴，乘坐豪华游轮，或在酒吧、舞厅通宵游玩，各种旅游产品满足了不同游客的需求，让海内外游客流连忘返。

（3）普吉岛员工和居民的服务水平和服务意识非常强。泰国岛旅游注重游客体验，随处可见的路牌指示用泰、英、中三国语言写成；每个旅游景点都配有一本旅游画册，帮助游客了解当地全景信息；机场站和主要旅游景点有完善的旅游咨询服务；在交通方面，从公共汽车、出租车到典型的 TUTU 车辆，既方便又便宜；旅游专业人士能熟练使用英语，有的还会说汉语；每条街道和小巷都有兑换点，还有几张银行卡可以用来付款；推出针对中国游客的支付宝服务；泰国也是一个著名的微笑王国。无论你走到哪里，都能享受到泰国人民温暖的笑容，即使是不会说泰语和英语的游客也可以无障碍地随意行走。

（三）马尔代夫

1. 自然地理环境和旅游发展现状

马尔代夫共和国位于印度南部约 600 千米，斯里兰卡西南部约 750 千米，由 26 组自然环礁、1190 个珊瑚岛组成，分布在 9 万平方千米的海域内，其中 199 个岛屿有人居住，991 个为荒岛，岛屿平均面积为 1~2 平方千米。因该国位于赤道附近，具有明显的热带气候特征，无四季之分，年平均气温 28℃。马尔代夫海岛风光秀丽、气候宜人、生态环境优美，拥有各种热带鱼类、海龟、玳瑁和珊瑚、贝壳等丰富的海洋资源。2017~2019 年马尔代夫游客到访人数如表 12-3 所示。

表 12-3　2017~2020 年度马尔代夫游客到访人数

年份	2017	2018	2019	2020
游客接待人数（万人）	1389	1484	1700	55（受疫情影响）

资料来源：笔者自行调查编制。

2. 区域经济发展条件

旅游业、船运业和渔业是马尔代夫经济的三大支柱，工业仅有小型船舶修造厂、海鱼和水果加工、编织、服装加工等手工业。疫情之前经济一直保持 8% 左右的平稳增长。旅游业已超过渔业，成为马尔代夫第一大经济支柱产业，旅游收入对马尔代夫 GDP 的贡献率多年保持在 30% 左右。

3. 主要旅游资源

马尔代夫拥有丰富的海洋资源，有各种热带鱼类及海龟、玳瑁和珊瑚、贝壳之类的海洋生物。马尔代夫的资源特色很鲜明，有人曾这样形容：99% 晶莹剔透的海水+1% 纯净洁白的沙滩＝100% 的马尔代夫。马尔代夫被称为上帝抖落的一串珍珠，拥有白色沙滩的海岛就像一粒粒珍珠，而珍珠旁的海水就像是一片片美玉。每座岛屿皆分别开发有不同风格的度假旅馆，风情各异。2006年世界旅游大奖会上，马尔代夫被授予"印度洋最佳旅游地"的殊荣。2007年马尔代夫获得"全球最浪漫的游览地"。2008年马尔代夫入选最佳国家名片——2008年度最佳海滩旅游胜地，马尔代夫多年入选全球游客最喜爱岛屿。

马尔代夫融合了来自于古代世界各地的海上移民所带来的丰富、多元的文化，例如，深受东非文化影响的当地传统音乐与舞蹈，还有一些深受南亚文化影响的音乐和舞蹈。特别是其传统饮食文化特色鲜明，丰富多彩。马尔代夫依据其地理环境，在其旅游资源的基础上开发了时尚且参与性强的活动。水上活动主要包括水上摩托车、香蕉船、冲浪、拖曳伞、风浪板、轻艇等。马尔代夫还是潜水爱好者的天堂，它以其优美的自然环境和良好的水下能见度成为全球三大潜水胜地之一。

4. 开发模式

（1）马尔代夫海岛旅游开发实行"四个一"模式，即只允许一家投资开发公司租赁一个海岛及其周边海域；一个岛上只建一家酒店（或度假村）；岛屿突出了建筑风格和文化内涵。海岛拥有功能齐全的休闲、娱乐、物流等一系列设施（如天然浴场、迷人的水下世界、赏心悦目的海洋乐园），致力于打造休闲度假胜地，吸引海外游客。每个度假酒店的建筑风格都有自己的特色，椰子茎作为柱子，树皮和树叶编织成垫子覆盖屋顶；珊瑚和砾石被用来建造墙壁；也有用砖、瓦和珊瑚石建造的房子。和外观不同，客房里有各种各样的现代设施，满足游客现代化生活的需求。此外，一个岛突出两种建筑风格和文化内涵。海岛拥有一系列功能齐全的休闲、娱乐、物流服务等设施，使马尔代夫海岛旅游形成了一个独立、封闭、完整的"度假胜地"。正是这种"一岛一店"的"小、清、静"发展模式，使马尔代夫海岛开发取得了巨大成功，率先成为世界各国发展海岛旅游的典范。

（2）完善的发展规划。马尔代夫在岛屿开发过程中特别重视岛屿规划，规划是政府的重要职能。规划设计充分考虑单个岛屿的完整性及其与其他岛屿的关联性,以规划引导发展,整体规划,分步实施,使一个岛屿有一种风格,整体诗意如画,被誉为"印度洋人类乐园"。例如,海岛规划规定岛上建筑不得高于二层,主要为别墅式的建筑结构;建在礁石水面的单层别墅由木桥连接;不同风格的建筑构成了岛上另一道美丽的风景。马尔代夫的每个岛屿都是自然风景。它由政府租给不同的公司,每个公司都有自己的风格和特点。岛上大多数酒店都是沿海岸修建的,游客一走出门就可以走进柔软洁白的海滩,投入大海的怀抱。此外,该发展计划对马尔代夫的工业污染进行了严格控制,保证海水清澈见底。

(3)注意保护周边生态环境。马尔代夫旅游部将把保护生态环境作为政府工作的重要议程。政府将制定相关政策,保护珊瑚礁免受损害。珊瑚礁不得用作任何建设项目的原材料;相关的环境保护知识作为常识在学校传播,使马尔代夫儿童从小就意识到环境保护的重要性。为了确保该岛的旅游资源和生态系统不受到破坏,马尔代夫采取了"三低一高"的发展原则(即低层建筑、低密度开发、低容量利用率、高绿化率),让游客尽可能感受大自然的亲切,享受休闲舒适。此外,为了确保岛上自然资源的可持续发展,马尔代夫政府还规定,禁止砍伐树木以便树木生长;规定使用传统的杆线来捕鱼,而不允许使用拖网等其他捕鱼手段,以保护丰富的渔业资源。

(4)为确保海岛旅游有序合理发展,马尔代夫政府在海岛旅游发展中发挥了重要作用。注重建立科学的管理体系和监管体系,增强旅游部门的综合管理、协调和监管能力。国家旅游局负责组织和审查各岛屿的发展规划和建设布局,进行日常监督管理,并实施极其严格的审查制度。例如,旅游部门严格监控现有和新建度假村的开发及运营;每年定期进行监督检查,对不合格的度假村进行罚款或关闭,以维护整个岛屿地区的声誉和秩序。

(四)韩国济州岛

1. 自然地理环境和旅游发展现状

济州岛全称济州特别自治道。位于朝鲜半岛西南海域,由韩国最大岛屿济州岛及其附属岛屿组成，面积 1850.2 平方千米，约占韩国全国面积的 1.84%。济州岛由 120 万年前的火山喷发而形成。因其独特的火山与岩洞自然景观，济州岛得到了世界自然遗产地的称号。济州岛的气候、自然景观及风土人情与朝鲜半岛陆地有较大差异，有"韩国夏威夷"之称。属于亚热带海洋性气候，温和湿润，年平均气温 16℃，其中最热的 8 月平均气温为 26.5℃，最冷的 1 月平均气温为 5.6℃。受台风影响较大，年平均降雨量 1530 毫米，是韩国降雨最多的地区之一。

旅游业是济州岛的支柱产业，韩国在济州对世界大多数国家和地区实行旅游免签政策。2019 年外来游客达到 1528 万人次，外国游客 172.6 万人，其中中国游客约 108 万人，2017~2020 年济州岛游客接待人数如表 12-4 所示。济州岛有较为完善的旅游服务设施，各级旅游宾馆、民宿达到 5895 家，客房74095 间，免税店 7 家、高尔夫球场 34 家。建有可同时容纳 4300 人的国际会展中心，举办过韩-东盟领导人会议、中日韩领导人会议、世界自然保护大会、济州和平论坛等大型国际会议。济州机场为韩国重要的国际机场，同中、美、日等国有定期和包机航班。其中与我国国内各地机场的航班最多，每周有约 130 架次航班往来，其中北京、上海每日均有航班，大连、长春、沈阳、天津、杭州、宁波、南京、西安及中国香港、中国台北等有定期航班。韩国银行在 2020 年的报告中指出，济州岛经济收入的一半以上来自旅游相关行业。

表 12-4　2017~2020 年济州岛游客接待人数统计

年份	2017	2018	2019	2020
游客接待人数（万人）	1475	1310	1528	1021

资料来源：笔者自行调查编制。

2. 区域经济发展条件

济州岛人口约 67.2 万（2020 年 8 月数据）。下辖济州、西归浦两市。济州市为首府，面积978.6平方千米，人口49.1万，是政治、经济、教育、文化中心和海陆空交通枢纽。西归浦市面积为871.6平方千米，人口18.1万，旅游资源丰富，主要作物为柑橘。2018年济州岛地区总产值20兆511亿韩元（约合172亿美元），占韩国国内生产总值的1.05%。产业比重为第一产业9.9%，第二产业14.9%（其中建筑业占10.6%），第三产业75.2%。失业率为1.6%，低于全国失业率的3.1%。2018年人均地区生产总值为3070万韩元[①]（约合2.65万美元）。

　　1999年9月，韩国建设和运输部完成了济州岛的可行性调查，认为济州国际自由城具有发展的适宜性。2001年2月，成立了由56名各领域专家组成的政策规划小组，提出济州岛发展的基本方向和发展项目。同年9月，由国家总理担任主席的济州国际自由城市促进委员会成立，并制定了济州自由城市基本规划。为了确保济州岛的顺利发展，韩国政府于2002年初启动了《济州国际自由城市特别法》，并根据该法成立了济州国际自由城市发展中心，全面负责济州岛的开发和开发建设的具体工作。为了吸引投资，韩国向国内外投资者提供了许多优惠政策。在吸引人才方面，济州岛对外语教育、信息和通信、生物工程和其他专业人员给予了特别欢迎政策，并将延长外国人的工作和居留许可期限。为了吸引中国游客，韩国将扩大无签证游客的范围并延长停留时间。

　　近十年来，济州岛利用特殊自治道路的优势，加大招商引资力度，推出了一系列优惠政策。特别是投资移民制度，自2010年2月开始实施，在指定区域内购买50万美元或5亿韩元（约合270万元人民币）以上度假公寓、休息设施和别墅的外国投资者将获得永久居留权；在其他行业投资超过50万美元并雇用5名以上韩国员工的外国人也被授予永久居留资格。建立"投资振兴区"和"外商投资区"，减少审批手续，实行税收优惠。并建立一批国际学校，招收外国学生，在教育、医疗等领域给予外国人准国民待遇。随着旅游基础设施建设的发展、岛上人口和外国游客的增加，也出现了房地产价格上涨、

---

① 济州特别自治道官方网站。

交通拥堵、垃圾处理等问题，尤其是环境保护问题。近年来，济州岛政府大力调整招商政策和房地产投资移民制度，对新项目采取严格标准和审慎态度，旅游房地产热潮逐渐降温。济州岛政府也在探索新的发展思路，如实施"无碳岛"规划和建设区块链特区。

3. 主要旅游资源

济州岛是一座由120万年前火山活动而形成的火山岛。岛中央是通过火山爆发而形成的海拔1950米的韩国最高峰——汉拿山。济州岛景观独特，旅游资源丰富，环境保护良好，先后被列入联合国教科文组织生物圈保护地区、世界自然遗产、世界地质公园名录，2011年入选"世界新七大自然景观"。

济州地域文化特色鲜明，素有三无岛、三多岛之称。三无岛即无小偷、无大门、无乞丐，这是济州民风淳朴的体现。三多即风多、石头多、女人多。济州岛台风活动频繁，是为风多；由火山喷发形成的黑色岩石遍布全岛，是为石多；济州岛过去男性岛民出海捕捞死亡率较高，女人相对多些，是为女人多。女人参加生产劳动，最典型的是潜入海中采集贝类、鲍鱼、海参等，被称为"海女"。海女为济州岛的象征之一，是重点文化保护研究对象。随着现代捕捞工具的广泛应用，海女数量越来越少，目前约有7000人，且年龄多在60岁以上。

4. 开发模式

（1）特色区域/功能规划。济州岛作为济州国际自由城建设总体规划的重要组成部分，对岛上的土地进行功能划分，主要包括以下七个功能：

1）休闲住宅区。建设集居住、娱乐、医疗功能和配套公共设施于一体的世界级疗养居住区。

2）尖端技术区。充分利用世界观光耕地（济州岛）的清洁环境和各种生物资源，建设集教育、科研、生命工程研究等创业功能于一体的未来科技区。

3）西桂浦港，一个旅游胜地。西贵浦港将发展成为集周边优美自然景观的美丽港口、海洋观光与休闲娱乐于一体的综合性观光场所。

4）在商店前面和工厂后面购物。为了激活中国、日本等国游客的购物需求，开发以世界知名品牌和特色销售柜台为主的购物设施。

5）生态、神话和历史公园。以济州岛自然生态和文化遗产为背景，具有国际竞争力的主题公园。生态公园主要发展寄生火山广场、寄生火山生态馆、寄生火山穹顶剧场、自然公园等。神话·历史公园将发展成为国际文化展览馆、主要娱乐公园等。

6）机场自由贸易区。以发展航空物流业为基础，建设自由贸易区，促进商品和尖端产品的加工出口。对入驻企业实行减免税。

7）中国文化旅游区。建设特色商业街、购物柜台、西餐厅等商业设施，以及海洋水族馆、海洋展览馆等海洋公园，使其成为济州岛最具代表性的娱乐公园。

（2）发展体验旅游，消除淡季与旺季的差异。针对海岛旅游在淡季和旺季的明显弱势，济州岛采取了开发季节性影响较小的旅游产品（博物馆和主题公园）和结合四季特点开展节日庆典等形式吸引游客。游客可以在正月十五日的元宵节与当地居民一起祈祷和平与健康。他们可以在每年3~4月的春天欣赏樱花，也可以在6月的仲夏体验运动的自豪感和浪漫海边的气氛。

（3）开展针对性营销。济州岛为韩国、日本和中国三大客流市场创造了不同的旅游定位，飞机可以在两小时内到达。对于国内游客而言，济州岛主要致力于打造休闲度假目的地，放松身心；对于来自中国、日本等国的游客而言，济州岛通过增加文化体验，提升旅游目的地的吸引力。同时，针对不同国家的游客，拍摄不同主题的宣传片，吸引游客。在文化体验旅游设施的供给上，济州岛选择建设具有不同特色的博物馆来吸引游客。中国作为济州岛最大的旅游客源国，济州特别自治道省长（相当于中国省长级别）亲自来中国各地宣传，并积极参与济州岛的各种宣传活动。

（五）夏威夷群岛

1. 自然地理环境和旅游发展现状

素有"太平洋十字路口"和"美国通往亚太的门户"之称的夏威夷群岛，地处太平洋中央，由 8 个大岛和 124 个小岛组成，总面积 1.66 万平方千米，其中面积超过 1000 平方千米的只有夏威夷大岛（Hawaii）、茂宜岛（Maui）、欧胡岛（Oahu）和可爱岛（Kauai）。首府火奴鲁鲁坐落在欧胡岛，该岛也是夏威夷人口最多、开发最早、游客到访频率最高的岛屿。夏威夷地处热带，气候却温和宜人。来自不同方位的风也将夏威夷岛屿的温度及湿度保持在理想的状态，令其一年四季的平均气温最高不超过 33℃，最低不下 19℃。岛上环境优美，居民热情，再加上没有受到污染的空气、海水及载歌载舞的热闹氛围，故其还有"人间天堂"之称。

1959 年，夏威夷正式成为美国第 50 个州，同时也迎来了难得的旅游发展机遇。第二次世界大战后，西方发达国家的经济保持较长时间的繁荣，大批工薪阶层收入提高，远距离度假旅游的需求日益增长，大型喷气式客机进入商业运行也降低了远距离旅游的路费。特别是 20 世纪 60 年代中期，日本政府开放了对本国居民对外旅游的限制，20 世纪 70~80 年代，西方各国货币对美元的升值，更为夏威夷带来了大量的客源。于是，夏威夷的旅游业由"起步阶段"很快进入了高速发展阶段。直到 20 世纪 80 年代中后期，夏威夷旅游业的增速才呈现渐缓的态势，但之后较长时期内仍旧保持了稳固的发展。疫情暴发前，夏威夷的游客量都在逐步增长，到 2019 年达到了 1000 万人次，如表 12-5 所示。

表 12-5　2017~2020 年夏威夷游客接待人数

年份	2017	2018	2019	2020
游客接待人数（万人次）	940	995	1000	19（受疫情影响）

资料来源：笔者自行调查编制。

2. 区域经济发展条件

夏威夷州主要产业包括旅游业、国防工业和农业。欧胡岛南岸的珍珠港是美国在太平洋内的最大军港；州府檀香山是夏州工商业中心。农业为当地经济的支柱，生产甘蔗、菠萝、咖啡、香蕉等。夏威夷适宜甘蔗的生长。群岛 2/3 的土地种植甘蔗，每年约生产粗糖 100 万吨，相当于美国每年食糖总消费量的 10%，因而被称为"美国的糖岛"。工业以食品加工业为主，还有少数炼油、化工、水泥等。粮食和主要工业产品均依赖进口。凭借着宜人的气候和旖旎的风光，旅游业很发达，年均游客量达 700 多万人次，瓦胡岛是旅游业集中地区。

3. 主要旅游资源

夏威夷有洒满日光的海天一色，有热情欢快的部族群舞，有优雅静谧的海滨步道，有恢宏震撼的火山地质奇观。马克·吐温说："夏威夷是大洋中最美的岛屿，是停泊在海洋中最可爱的岛屿舰队。"夏威夷吸引观光游客的，并非名胜古迹，而是它得天独厚的美丽环境，以及夏威夷人传统的热情、友善、诚挚。夏威夷风光明媚，海滩迷人，日月星云变幻出五彩风光：在晴空下，美丽的威尔基海滩，阳伞如花；在晚霞中，岸边蕉林椰树为情侣们轻吟低唱；在月光下，波利尼西亚人在草席上载歌载舞。夏威夷的花之音，海之韵，为游客们奏出一支优美的浪漫曲。

夏威夷由原住民的波利尼西亚文化所衍生出来的"阿罗哈"精神是夏威夷最具吸引力的旅游资源之一。"阿罗哈"是夏威夷语，意为"你好""再见"，同时可表达爱和祝福，原为当地人打招呼和祝福的一种方式，现在则为全世界的旅游者所熟悉。

4. 开发模式

（1）注重旅游规划的编制。1959 年，夏威夷总体规划中旅游规划的制定被认为是现代旅游规划的开端。此后，制定科学合理的旅游规划成为夏威夷旅游发展的重要手段。夏威夷 2005～2015 年旅游战略发展计划将"尊重和传承夏威夷本土文化"作为重要内容，指出鲜明的文化特色是夏威夷区别于其他旅游目的地的关键。

（2）重视环境保护。为了使夏威夷美丽的环境可持续发展，夏威夷州政府高度重视环境保护，强调生态理念，重视旅游业的可持续发展。例如，政府十分重视保护岛内各种自然资源和环境；严格控制岛上建筑物的高度和密度，尽量为草地、森林和公园留出空间。此外，岛内经济建设也考虑到环保因素，注重引导"清洁"产业的发展，如建设商业中心，重视金融服务业，发展海洋科学，鼓励水产养殖，促进热带农业发展，为夏威夷旅游业发展提供基础支持，确保夏威夷产业的良好发展。

（3）节日丰富多彩。对于前往夏威夷的游客来说，无论他们哪个月去，都会遇到具有当地特色的节日。例如，1月的水仙花节、古典冲浪比赛；2月的滑雪会议、沙堡比赛和樱花节；3月的库西奥亲王纪念馆；4月的释迦牟尼纪念日；5月的希洛梅里皇后纪念日和罗卡牧民比赛、花链节；6月的卡米哈米哈国王纪念日、冲浪锦标赛、环岛木船赛；7月的希洛果园花卉展以及檀香木蒂克卡皮拉尼奥公园一年一度的四弦琴节；8月的女王杯凯吉裙舞节；9月的希洛夏威夷县集市；10月的毛伊县集市；11月的科纳咖啡节和火奴鲁鲁马拉松、世界杯桥牌预选赛；12月的其他赛事。可以说，夏威夷给人的感觉是一年四季熙熙攘攘，节日和比赛接连不断。再加上夏威夷岛温和宜人的气候，每一位来到夏威夷岛的游客都会不虚此行。

（4）浓厚的文化氛围。夏威夷州政府高度重视服务意识和管理，努力为游客创造一个温馨的旅游环境，让每一位夏威夷游客都能感受到这里的文化氛围和温馨氛围。例如，当观光船靠近夏威夷海域时，一大群热情的夏威夷女孩会驾驶小船靠近，向游客献上一系列五颜六色的花环，并高呼欢迎口号"阿罗哈"（你好），充分表达了她们最诚挚的欢迎。因此，从夏威夷回来的游客见到熟人时会说"阿罗哈"，见到朋友时会送上夏威夷特有的花环。实际上，他们促进了夏威夷的岛屿旅游业的发展。

（5）浪漫的旅游氛围。夏威夷被称为"爱之岛"，1994年1月，世界首富比尔·盖茨的豪华婚礼也在这座浪漫的岛屿上举行，为夏威夷的浪漫品牌增添了一抹光彩。夏威夷不仅注重探索自然环境中的浪漫元素还将岛屿特色与旅游体验融为一体，充分利用阳光、海滩和海水等自然资源精心策划婚礼、宴会等人文元素，打造欢乐的海岛运动，营造浓厚的海岛旅游浪漫氛围。

（6）夏威夷州政府高度重视发展旅游市场，加强旅游营销。这也是夏威夷岛旅游享誉世界的重要原因之一。夏威夷每年都会拨出巨额资金进行旅游推广，在世界各地进行市场调研和营销，以便我们能够更详细地了解游客的需求，并根据游客的需求及时改进和加强各种旅游设施和服务。例如，在第八届中国国际旅游博览会上，美国夏威夷的宣传人员穿着五颜六色的当地民族服装，向人们展示着陈列了孙中山铜像的中国社区公园和旁边的观音庙，这些都加强了夏威夷和中国的文化联结。

（六）墨西哥坎昆

1. 自然地理环境和旅游发展现状

在 20 世纪 60 年代，坎昆是一个仅有 300 多人的渔村。1972 年墨西哥政府在这里投资 3.5 亿美元建设旅游区和自由贸易中心，重点发展旅游业。到 1994 年，半岛上的旅馆已达 90 家，客房 2 万多间，另开发有数百家餐馆、夜总会、网球场和高尔夫球场等。现在，坎昆就依托良好的自然资源和政策支持，大力发展高端会展业和旅游业，现已形成体系成熟的旅游、会展、酒店等规模产业。坎昆海岛旅游业的成功经验，有很多值得我们借鉴和学习的地方。疫情暴发前，坎昆的游客量都在逐年增长，到 2019 年接近 1000 万人次，如表 12-6 所示。

表 12-6　2015~2019 年坎昆接待游客人数

年份	2015	2016	2017	2018	2019
接待游客人数（万人次）	871.3	948.5	993.5	965	974.1
收入（亿美元）	187.3	206.2	206.2	224.7	238
游客人均支出（美元）	215	217	226	247	265

资料来源：笔者自行调查编制。

2. 区域经济发展条件

坎昆的崛起带动了整个金塔纳博奥州的转变。目前该州农业占经济活动的比重已经从 20 世纪 70 年代的 53% 降至不足 1%，而同期服务业的比重则从 35% 升至 86%。

坎昆的旅游发展与当地政策有紧密关系。从 2009 年起，美国之外的外国游客数量增加了 23%。墨西哥招揽外国游客的一大策略是免签待遇。目前，墨西哥已对全球 100 个国家和地区实行免签政策，其中包括中国的香港和澳门。不仅如此，墨西哥政府还简化了签证流程，例如，为巴西、俄罗斯和中国公民创建了电子签证，方便在线申请。根据《拉丁美洲商业纪事》的最新报告，2012 年，美洲领先全球旅游市场，其中墨西哥成为拉美第一大旅游目的地，到访游客的数量几乎是排名第二的巴西的四倍。

3. 主要旅游资源

坎昆位于加勒比海北部，凭借独具特色的自然与文化旅游资源闻名于世。坎昆是世界公认的十大海滩之一，拥有壮丽的海滩美景和多样的海洋生物，还有拥有 500 多个海底雕塑的坎昆海底雕塑博物馆（Museo Subacuático de Arte）。坎昆的 3X 乐园提供丰富的水上和户外项目，刺激与乐趣并存。同时，坎昆还有著名的世界遗产：位于尤卡坦州南部的奇琴伊察（Chichén Itzá）玛雅文明遗址和墨西哥城附近的特奥蒂瓦坎（Teotihuacán）印第安文明城址，前者与中国的长城同时被列入"世界新七大奇迹"。坎昆为此建立了玛雅博物馆。除此之外，坎昆的龙舌兰博物馆（Hacienda Tequila）则展示了龙舌兰酒的生产工艺及各种品类，具有独特的吸引力。

4. 开发模式

（1）采取社区参与的发展模式。坎昆政府在制定整个旅游度假区规划时，注重社会的广泛参与，齐心协力将坎昆建设成为世界著名的海岛旅游度假区。这主要体现在景区规划上，景区规划既注重政府的科学性和城市的机密性，又尊重民意，倾听民意，满足广大群众的要求。一方面，在规划过程中，聘请技术人员进行深入调查研究，组织各种方案的比较，开展专家讨论，取长补短；另一方面，对于重要建筑物或基础设施的建设，除规划部门参与外，还应当有社区居民参与，充分尊重人民的意见。

（2）因地制宜地制定调整措施。坎昆旅游业的成功发展也得益于政府因地制宜、结合自身的自然环境和社会因素，进行开发方案的设计。考虑到气候、环境、土地所有权、交通设施、通信设施、附近居民中心、当地社会经济发展水平和旅游发展经验，政府制定了开发综合性海岛休闲旅游度假区的目标。一方面，这类度假村不会产生太多的环境和社会文化的负面影响，另一方面，它也可以为游客提供良好的旅游环境。因此，它可以很好地促进当地旅游业的有序发展。

（3）重视全岛的设计艺术。坎昆始终坚持"天人合一"的建筑设计理念，为游客带来新奇、舒适的享受。在室外，每栋建筑的设计都是独一无二的，力求创造奇迹，与众不同。强调全面绿化，使整个度假区成为一个建筑博物馆，从整体到细节都充满艺术气息和自然情趣。在室内设计上，酒店也注重布局的合理和巧妙。坎昆的酒店大堂设计非常有特色。有的大堂在中部有植物园，有许多热带树木和流水，使人们感觉像在森林中一样轻松愉快；酒店的游泳池别具匠心，大小、高度、形状各异。坎昆的酒店建筑因地制宜，零散有序，设计新颖，造型美观；客房规划设计别具匠心，几乎每家酒店的每间客房阳台都面向大海；客房浴室的设计也经过仔细考虑。总之，坎昆的环境建设是巧妙而周到的，让游客在这里可以享受海岛旅游带来的休闲和舒适。

（七）澳大利亚大堡礁

1. 自然地理环境和旅游发展现状

大堡礁（GBR）是澳大利亚最壮观的自然资源之一，也是全球海洋生物多样性的重要区域。大堡礁于1981年被列入世界自然遗产名录。澳大利亚旅游业每年为澳大利亚经济贡献近50亿美元。世界各地的游客来到这里，体验和享受其壮丽的珊瑚礁，珊瑚礁是这个以自然为基础的旅游景点最吸引人的资源。大堡礁是世界最大最长的珊瑚礁群，位于南半球，它纵贯澳大利亚的东北沿海昆士兰州，北从托雷斯海峡，南到南回归线以南，绵延伸展达 2011 千米，最宽处 161 千米。有 2900 个大大小小的珊瑚礁岛，自然景观非常特殊。凭借其"巨大的科学与本质重要性"，大堡礁被列入世界遗产名录已经长达 40 年。

2. 区域经济发展条件

大堡礁不仅本身价值连城，其对经济的促进作用也不容小觑。澳大利亚德勤经济研究所（Deloitte Access Economics）对 11 个国家的 1500 人进行了问卷调查，对大堡礁的"经济、社会和品牌价值"进行了评估。大堡礁每年可为澳大利亚提供 6.4 万个就业岗位，创造 64 亿澳元的经济价值。

大堡礁的区域经济发展与政策息息相关。1975 年澳大利亚政府颁布的《大堡礁海洋公园法》，提出了建立、控制、保护和发展海洋公园，其中涵盖了大堡礁 98.5% 的区域范围，海洋公园的建立不仅对保护当地文化起到了重要作用，而且还保护了当地土著居民的生活习俗。从古至今，大堡礁（特别是它的北部区域）对居住在西北岸土著人和托雷斯岛屿居民的文化产生了重要的影响。1981 年整个区域被划定在世界遗产名录中。大堡礁的旅游开发必须严格按照政府的环境保护法案来进行。

3. 主要旅游资源

大堡礁位于澳大利亚东北岸，沿澳大利亚东北海岸线绵延 2000 多千米。总面积达 34.78 万平方千米，比意大利还大，相当于英国和爱尔兰的面积之和。它是世界上最知名的海洋保护区，是世界上最集中的珊瑚礁系统，是世界上动物多样性最丰富的地区之一。这里有 400 余种不同类型的珊瑚，并且有世界上最大的珊瑚礁。这里生存着鱼类 1500 种，软体动物 4000 余种，聚集的鸟类达 242 种，还是某些濒临灭绝的动物物种如儒艮和巨型绿龟的栖息地。

大堡礁水域有大小岛屿 600 多个，这些各有特色的岛屿都已开辟为旅游区。此外，还有供人观赏的石画艺术馆和 30 多处著名的历史遗址。由于大堡礁地势险恶，因此周围建有大量的航标灯塔，有些已成为著名的历史遗址，而有的经过加固至今仍发挥着作用。

4. 开发模式

(1) 制定可持续的开发方案。澳大利亚的海岸带空间规划最早可以追溯到 1975 年联邦政府颁布的《大堡礁海洋公园法案》，在法案中联邦政府首次提出了分区计划，但法案中只对分区计划做了框架性的描述。在 2004 年 7 月 1 日《大堡礁海洋公园分区计划》生效，该计划对分区做了详细的描述，规划上采用陆地生态圈的方法，将大堡礁海洋公园分为八个管理区域，对区域的范围和边界的界定采用地理经纬度的方法来描述，并确定每个区域的管理目标，规定了每个管理区域允许、限制、禁止进行的活动，被限制的活动需要获得许可证才能进行。海洋公园的分区管理对地区的海岸带生态环境、生物多样性的保护起到了重要作用。

大堡礁海洋公园将区域活动大致分为 17 类，在八个管理分区中都详细规定了禁止、允许以及需要许可证才能进行的活动。例如，一般使用区是限制活动最少的区域，在一般使用区中，划船、潜水、捕蟹、垂钓、渔网捕捞、拖网捕捞、拖钓等活动允许进行；水产养殖，捕捞水族馆鱼类、珊瑚、海滩蠕虫，捕捞海胆、海参、热带鱼虾，科研，旅游活动，海洋资源的传统利用等活动需要许可证才能进行。具体的管理方案可归纳为以下四点：

1) 分区计划。分区制根据大堡礁海洋公园法来执行。该制度规定了游客可以到哪里、可以做什么以及严禁进入的空间区域。分区计划规定旅游经营者必须要有许可证才能在海洋公园内开展经营活动。大堡礁分区计划提供了一个反应迅速灵活的管理方法，对海洋公园不同地点实施有针对性的适当管理策略。

2) 地点计划。该计划通过与当地使用者的密切协商来制定用于大堡礁特殊地点的管理办法。在实施地点计划之前，政府会对私人和公众的利益进行分析和平衡。地点计划一旦被认可，该地点就要按照相应的规则来管理和利用。

3) 管理计划是对分区计划的补充，主要作用是提高分区计划的效率，主要包括鉴别自然科学文化遗产的使用价值。大堡礁当局对自然科学文化遗产进行有效甄别，并对进入这些自然保护区的人数和交通工具进行规定及限制。

4）25年战略计划：大堡礁世界遗产25年战略计划于1994年产生，提出了对大堡礁25年的管理和保护战略。这个战略计划是大堡礁旅游开发的基础。该战略计划旨在让利益相关者都知道大堡礁未来25年内将怎样实施管理。这一计划保证了大堡礁的可持续发展。

（2）利益相关者参与机制。利益相关者的参与是大堡礁旅游和娱乐管理的重要组成部分。所谓协同管理，是指相关资源用户参与园区的管理。管理不再仅仅是政府的问题。大堡礁海岸公园管理局认为，大堡礁面积大，资源丰富，用途广泛。只有通过各方的合作，环境保护和资源利用问题才能得到解决，由此产生的措施才能落实到位，管理才能取得成效。

（3）进行有针对性的事件营销。"从7月1日起，做一个幸福的人，喂鱼，潜水，周游列岛；从7月1日起，关心烧烤和海鲜，我有一所别墅，面朝大海，冬暖花开。"这首改编自海子的诗，最终属于自2009年7月1日起在澳大利亚大堡礁担任哈密尔顿岛看护人的本·绍索尔。大堡礁旅游当局大张旗鼓地在全球招聘"岛主"，该岛主不但尽享诗中的一切，还将获得半年15万澳元（约合65万元人民币）的高薪。为了增加此次宣传的全球效应，昆士兰旅游局建立了7个不同版本的招聘网站，覆盖面极广；此次招聘虽然是面向全世界，但主次有别。近年来的中国游客的数量是增长最快的，而护岛人所"定居"的汉密尔顿岛又是中国旅游团尚未进入的旅游目的地，中国作为重中之重的旅游客源地，各方面都受到了额外的待遇，例如，官方网站仅中文版本就分为中国大陆简体、中国香港繁体、中国台湾繁体三种，旅游局甚至在北京专门策划了现场招聘。针对第一客源市场的英国，昆士兰旅游局同样重视，诸如配套推出了"世上最佳度假目的地""世上最佳蜜月目的地"等一系列活动。大堡礁所在地旅游局以170万美元的低投入获得了近1.1亿美元的宣传效果，是一次典型的低投入高产出的旅游事件营销。大堡礁旅游部门通过旅游事件营销达到了提高旅游产品的知名度、提升旅游品牌的美誉度的目的。

（八）马耳他

1. 自然地理环境和旅游发展现状

马耳他共和国是一个独立的国家，位于西西里岛南部的地中海中部地区，素有"地中海心脏"的美誉。它的总面积有 316 平方千米，海岸线长 137 千米。全境由 3 个岛屿组成：马耳他岛、戈佐岛、凯穆纳岛。马耳他是其中最大的海岛，占全国接待能力的 96%。而戈佐和科米诺是两个相对较小的海岛，分别占 3.5% 和 0.7%。

2. 区域经济发展条件

马耳他的旅游业是在比较低的基础上发展起来的。"二战"后，马耳他的经济进行了重新改组，制造业、水产业以及相应的服务业发生了变化。旅游业成了马耳他赚取外汇与扩大就业的有效途径。20 世纪 60 年代前期马耳他独立之后，现代旅游业才借助航空旅游、包价旅游的发展和生活标准的提高等因素逐步发展。到访马耳他的外国游客人数由 1965 年的 4.8 万人增加到 2007 年的 124.35 万人。旅游业的净收入在 1980 年达到一个顶峰，为 11190 万马镑，随后在 1984 年降到 6310 万马镑，从 1985 年开始又呈回升趋势并持续到现在。现在旅游业已成为马耳他重要的支柱产业。在国民经济中占有举足轻重的地位，不仅为马耳他赚取了大量外汇，解决了许多居民的就业问题，同时还为它与欧盟及其他国家的文化交流做出了重要贡献。

3. 主要旅游资源

马耳他有以下几个标志性的旅游资源：

（1）作为马耳他最美的三蓝之一的蓝洞，是一处非常漂亮的天然海上洞穴群，穴下海水碧蓝、晶莹剔透，美不胜收，也是潜水爱好者的不错去处。美剧《权力的游戏》就曾在这里取景。

（2）"巴洛克的伟大杰作"瓦莱塔是一座欧洲文化名城，是马耳他的政治、文化和商业中心。它还有许多有趣的别名，诸如"圣约翰骑士团之城""欧洲艺术之城"等。

（3）戈佐岛是蓝窗所在的小岛，这个岛上的原始风光与马耳他本岛还是有所不同的，道路上随处可见巨大的仙人掌，不变的还是金黄的土、蔚蓝的海、广阔的天，还有奇形怪状的各种峡湾。

（4）科米诺岛是欧洲的潜水胜地，独特的地中海景观与热带地区完全不一样。岛上有很多潜水中心，提供多种潜水课程和潜水设备，无论你是高手还是"菜鸟"，这里都将成为你的潜水天堂。

4. 开发模式

（1）注意海岛规划。马耳他在岛屿发展过程中特别重视岛屿规划，这是具体和全面的。由政府来确定旅游业的发展目标。鉴于马耳他地理面积小，自然资源有限，编写了一份详细的环境分析报告，以划分在开始时应加以保护的环境敏感区。主要资源划分包括以下五个：

1）主要历史遗址：包括历史城区和考古遗址。

2）传统农村聚落：村庄展示了传统的农业生产和生活方式。

3）塔/城堡/宫殿：游客感兴趣的所有历史景点。

4）主要景点：马耳他群岛面积小。山地、海岛旅游多角度观光。

5）海滩：海滩是专门指定和命名的，分为岩石型和海滩型。

（2）注重发展特色旅游品种，延长旅游旺季。马耳他早期旅游业的另一个突出问题是旅游业有明显的季节性。旅游淡季为 11 月至次年 5 月。为了延长旅游季节，马耳他政府提供了经济和政策支持。2008 年，马耳他政府向马耳他旅游局拨款 2450 万欧元。其中 1165 万欧元用于旅游产品开发。同时，针对淡季不断推出专项旅游项目，如 2 月的瓦莱塔狂欢节、3 月的地中海美食文化节、5 月的马耳他焰火表演等民俗文化活动，很好地体现了马耳他的文化特色。

（3）重视环境保护。20 世纪 60 年代，马耳他沿海地区的主要城市居民区杂草丛生，严重影响了旅游环境和旅游形象。近年来，向公众介绍环境法律法规和采用土地使用计划促进了旅游业的发展。特别是对于一些沿海不发达地区，减少主要城市居民区周围的杂草以增加土地利用面积。马耳他的土地建筑比例从

1957 年的 5%增加到 1985 年的 16%。为了保护生态环境，政府实施了限制狩猎等措施，以提高沿海地区的旅游吸引力。与此同时，马耳他在一些环境脆弱地区开展了生态旅游，有效地加强了环境保护。

（4）注重基础设施投资，提高服务水平。20 世纪 60 年代，马耳他对基础设施的投资有限。1987 年，马耳他政府认识到这一问题，开始重视基础设施建设，提高服务水平，以吸引高消费游客。例如，在交通设施方面，新机场已经建成；戈佐有一个直升机场；在瓦莱塔修建了一个游轮码头，以便游客可以通过飞机或水路成功到达旅游目的地。今天，马耳他的交通相当发达。在 3161 平方千米的土地上有 1500 千米的道路。海上交通四通八达，非常方便。有直达欧洲和北非主要城市的航班。此外在高质量旅游业的推动下，马耳他政府在一些历史名城修缮了建筑物、修建了娱乐场所和公共花园，并将新的酒店的建筑规格控制在四星级到五星级。首都的一些重要历史建筑几十年来一直被忽视，现在已经制订了修复计划。通过成立旅游研究委员会，提供专业培训，酒店整体服务水平不断提升，极大提升了马耳他的旅游水平。

二、国际知名海岛旅游发展启示

（一）国际旅游业发展水平方面

1. 海岛旅游吸引物的知名度、美誉度、新奇度、感召度较高

优越的自然环境和地理景观质量是发展海岛观光休闲度假旅游重要的基础条件，作为世界海岛度假旅游目的地，不仅要有阳光、海水、沙滩和运动，也要营造一个浓郁的度假氛围（李涛等，2022；杨心怡等，2022；詹伟鹏等，2023）[6-8]。国外发展较好的海岛旅游地非常重视民族性、地方性和独创性，不仅表现在建筑风格、旅游项目等旅游基础和接待设施等硬件上，还表现在旅游区管理方式、服务水平和文化氛围等软件方面。在规划设计及建设上对当地民俗、文化的展现，使得地方民俗和文化也成为一项特殊的、极具吸引力的旅游资源。例如，国外游客到巴厘岛度假休闲的主要目的之一就是去领略其浓郁的地方特色

文化；墨西哥坎昆大型海滨度假区则以玛雅文化为中心；而以草裙舞等为代表的土著文化更是夏威夷海岛度假区赖以成名的主要吸引物之一。巴厘岛、夏威夷和坎昆等都因完美结合了独特的自然地理风光与历史文化风情而魅力十足。此外，富有地方性、民族性特色的纪念品也能给游客留下深刻的印象。

东山不仅有优良的原生态环境、优美的景观环境，还有独特的人文环境，应注重把文化与自然资源结合起来，全面整合东山的旅游资源，积极培育具有国际影响力的关帝文化节、东山海鲜节、会展、帆船帆板、风筝冲浪等赛事和节庆活动。按国际一流标准，高规格、高品位建设一批精品生态旅游景区，打造国际化、高端化、品牌化的旅游产品。推动"风动石—塔屿"AAAA级景区和马銮湾—金銮湾景区创建AAAAA级景区；推动马銮湾AAAA级景区创建省级及以上国家体育旅游示范基地、东山岛马拉松、风筝冲浪、汽车拉力赛、帆船赛等四个赛事创建省级及以上体育旅游精品赛事；推动帆船航海海洋文化产业基地和完美大海海上运动培训学校，创建省级及以上体育旅游休闲基地。深度挖掘东山独有的文化资源，以最大限度地展示东山的文化特色，同时，也要将东山民俗文化特色以自己独特的方式向外推销，形成东山岛旅游发展的独特性，建立特色的休闲度假海岛旅游目的地。在形象定位上，打造"生态东山、度假天堂——国际海岛休闲度假旅游目的地"为东山国际旅游岛的整体形象，着力提高"滨海度假、帆船帆板、邮轮游艇、温泉疗养"等核心旅游吸引物在国内外市场游客心目中的认知度，提升东山的知名度和美誉度。

2. 知名海岛的国际旅游接待水平较高

在酒店方面，墨西哥坎昆拥有超过140家酒店，24000多间客房，巴厘岛酒店住房出租率平均达到90%；马尔代夫拥有80多家度假酒店，从当地人经营的小提模的度假村到国际管理集团旗下的知名品牌酒店一应俱全，艾茉菲尔、安纳塔拉、JA等世界知名酒店管理集团等，拥有19000多张床位，入住率达78%。

逐步建立与国内外市场需求相适应、具有东山岛特色的住宿服务体系。加强对各类住宿服务质量的监督管理，引导住宿业有序发展，满足市场需求。大力发展滨海度假酒店、温泉度假酒店，适度发展商务酒店、乡村旅馆和房车露营地、鼓励发展家庭旅馆经营和房屋租赁经营。引进国内外著名酒店管理品牌，推进高档酒店和度假酒店的品牌化经营，建设悦华、扬逸山轩、庄园、兄弟高登等酒店，推进海明威大酒店创建五星级度假酒店。健全酒店管理标准体系，提升服务质量，推进经济型酒店连锁经营。加强对产权式度假酒店开发建设、销售等环节的严格规范管理。打造特色精品民宿，促进民宿健康发展。支持铜陵镇、西埔镇、马銮湾、金銮湾发展一批非星级的主题酒店、特色酒店、连锁酒店等，澳角湾沿海岸线规划特色渔家民宿。

3. 知名海岛的国际旅游宣传促销水平较高

国际旅游知名海岛非常重视自身的宣传促销水平，在宣传促销年均费用、书籍材料、旅游大事件活动项目、各类语言宣传网站、英语新闻报道网络查询率等方面都在着重发展。例如，巴哈马群岛国际知名影视公司加强合作、发展成为加勒比地区最为主要的电影制作地。政府每年拨出 2000 多万美元在全世界各地进行旅游宣传推广，并成立专门的驻外旅游机构和旅游网站。加强宣传、深入分析市场竞争状况，制定有针对性的市场策略。澳大利亚大堡礁除了利用传统的报纸、电台、互联网等媒体方式进行宣传外，还采取了独特的推广方式——设立大堡礁主题店，仅在中国就开设了 10 家。2009 年大堡礁耗资 170 万澳元策划推出的"世界最好工作"全球选拔，其公关价值高达 7000 万美元。巴厘岛政府部门拨出专项资金，加大旅游宣传力度，包括组织新闻媒体报道，开发旅游出版物、地图、小册子。参加国际客类展览、交易会，组织行业协会和企业作广告宣传以及组织大型娱乐康体活动等。韩国济州岛首先通过日本和中国等国的电视台、广播及旅行社加大对济州岛旅游观光的宣传力度，并在许多国家设立济州岛驻外旅游办事处，统一策划济州岛旅游宣传，邀请各国记者到济州岛观光体验。

东山需要不断增加海内外宣传促销经费。建设具有宣传、促销、咨询、预订、投诉等功能的综合性旅游门户网站，加强旅游公共信息服务。以树立东山独特的旅游目的地形象为目标，不仅要宣传东山美丽的风光，还要宣传本地良好的营商环境。要运用画册、光碟、新闻媒体、互联网等各种手段宣传、营销推广东山旅游目的地。建立健全政府引导、行业协会、企业与营销代理机构互补的旅游营销体系。根据主要的客源市场地，聘请东山旅游形象代言人，如访学留学的东山籍或热爱东山的友人，拍摄东山岛旅游风光视频，在海内外主要的城市、漳州友好城市、菲律宾等宣传推介魅力东山岛。利用陈城镇湖塘村与外交部拉美司支部共建的契机，借助海外传播官、海外侨团和国际文化传播志愿者优势，构建海外传播示范基地，向海外展现真实立体全面的中国的同时，宣传推介魅力东山。

（二）在国际旅游客源市场条件方面

在列举的国际主要旅游岛中，它们的国际客源市场的结构基本上较为合理，在加大力度吸引国外客源的同时，还比较注重客源国或地区的分布特点，使客源国的地域分布反映在空间上较为集中，针对主要的客源市场，采用集中化的市场推广战略以吸引周边国家或地区的游客，特别是墨西哥坎昆较好地利用地域的便利性条件采用以吸引美国为主要客源国的市场战略，较好地实现了入境旅游收入的提升。

东山需要在对当前客源市场规模和自身资源、区位等优劣势的科学认识基础上，对照国际发达旅游岛，明确在国际旅游者人均消费能力、群体结构、客源国（地区）数量等方面的差距，对主要客源市场的消费群体、消费重点方式以及历史民俗文化等进行深入分析，并制定详细增长规划，不断扩大国内外旅游客源市场规模。东山应强化旅游促销力度，提升前期在国内外旅游市场的知名度。例如，邀请主要客源国的新闻媒体来东山拍摄旅游风光宣传片；邀请主要客源国的旅行运营商多来东山考察，组织旅游行业协会与客源国（地区）的行业协会联手，共同开发市场；不定期地举办帆船帆板、风筝冲浪、马拉松等国际大型赛事。在主要客源地进行市场调研和营销，以便我们能够更详细地了解游客的需求，并根据游客的需求及时改进和加强各种旅游设施及服务。

（三）在国际旅游产品方面

1. 国际旅游产品多样化

主要体现在国际旅游产品数量、质量、品位等方面。成功的海岛旅游地往往进行多元化开发、形成丰富的产品层次，诸如休闲度假型产品、历史文化型产品、自然景观型产品、康体娱乐型产品、时尚购物型产品等（李渊等，2022)[9]。在突出重点的基础上，培育特定的拳头产品，打开国际市场从而带动海岛旅游业的全面发展。观光与度假是海岛旅游发展密不可分的两个方面，在产品开发中要注意合理组合，避免单一化开发。

扩大东山岛国际旅游产品丰度，构建多样化的旅游产品体系。提高国际旅游产品项目组合、项目数量、项目质量、项目品位等。做深、做精、做红系列精品旅游线路，即红色培训游、海上海底运动培训游（帆船帆板、风筝冲浪、潜水）、登岛串岛游、休闲垂钓游、直升机空中游、离岛度假游、文旅影视游、婚纱摄影写生游、浪漫吉他游、全域乡村游、节事赛事游等，集文旅结合、山水融合、观光度假、运动康养于一体的精品旅游线路。结合东山岛的四季特点和民俗风情，通过在不同的月份开展节日庆典等形式吸引不同旅游市场的游客。例如，游客可以在正月与东山岛民一起过中国传统春节和元宵节；6月的关帝文化节、端午节；7月的拉山网节；8月的开渔节和"乞巧"文化节；冬季11月、12月、1月的帆船帆板、风筝冲浪、风筝、沙滩排球、马拉松等赛事；还可以在相应的月份举办海鲜美食节、"解平安节"、吉他节等

2. 国际旅游产品项目价值较高

主要体现在观赏游憩价值、历史文化价值、科学艺术价值、休闲娱乐价值、珍藏保存价值、研究探索价值、教育启发价值等方面。一些著名的度假旅游胜地往往都在开发度假设施的同时，发掘和整合当地的传统文化（或土著文化）旅游资源来丰富和提升度假旅游产品。泰国的普吉岛、印度尼西亚的巴厘岛、美国的夏威夷等都是这一开发模式的代表；里约在开发度假旅游时，将巴西的桑巴舞和足球文化组合起来；坎昆则是将周边的奇琴伊察、图卢姆等玛雅文化遗迹纳入度假者一日游的范围。

推进"旅游+"融合发展深化文旅融合发展，推进旅游与其他产业跨界融合、协同发展，催生新业态、提高和创造旅游产品，提高观赏游憩价值、历史文

化价值、科学艺术价值、休闲娱乐价值、教育价值等。

（1）推进旅游与文化的融合，丰富旅游文化内涵。包括加快发展文化创意产业、培育节庆会展品牌、加强国际文化交流等。以关帝庙联合申请世界文化遗产为契机，发挥关帝庙对台祖庙优势，打造关帝文化民宿、关帝文创产品、关帝文化展示集中区，做大关帝文化朝圣旅游。向游客介绍东山的特有民俗文化旅游，如东山歌册、剪磁雕、宋金枣、彩绘漆器等非物质文化遗产；当地具有浓郁民族特色的关帝庙、妈祖寺庙、传统村落、古厝民宅等建筑；东山人民日常的"敬神"等生活习俗；黄道周、马兆麟、谷文昌等名人逸事；郑成功水操台、施琅出师地、寡妇村展览馆、谷文昌纪念馆及见证历史烟云的遗址遗迹等；东山陆桥、大帽山贝丘遗址、海底沉船等考古资源。

（2）推进旅游与体育的融合，普及休闲体育运动。例如，加大对体育旅游产业发展的投入，引进国内外大型赛事活动及举办有东山岛特色的帆船帆板、风筝冲浪、马拉松、海钓、自行车等体育赛事，培育一批国际国内体育赛事品牌，运营管理好以上赛事，吸引更多的游客作为大众选手或者观赏者参与到这些体育赛事。打造国际海洋运动培训基地，建设海洋运动文化展示馆和国际海洋运动学校，重点建设海上运动基地、徒步骑行服务站、自驾车房车营地、汽车赛场赛道、运动船艇码头、海洋牧场运动休闲基地等健身休闲设施。开发多元化的体育旅游产品体系，发展浮潜、冲浪、皮划艇、低空飞行等水上运动产品；开发对面屿、马鞍屿、龙虎狮象四屿等无人岛资源，打造一批探险小岛；开发前楼镇丛林资源，打造丛林穿越项目；建设前楼镇径里村自行车比赛训练基地，举办山地自行车骑行赛事、旅游休闲活动；开发东山海底珊瑚资源，发展潜水观光体验业态。

（3）推进旅游与康养的融合，形成国内外知名康养旅游品牌。包括建立和完善休闲疗养服务网络，海水沙滩理疗、中医康复疗养、养生养老、温泉疗养、海鲜食疗、森林氧吧康复等疗养服务项目，形成品牌和体系；鼓励现有医疗机构扩大疗养服务范围，引进国内外高水平医疗机构和康复疗养、养老养生服务机构；扶持建设若干集休闲度假、医疗服务于一体的休闲疗养项目；积极引进境内外知名医疗和保健机构，争取开办中外合资医院，引入国际医疗卫生机构认证，满足境内外游客的休闲疗养服务需求。

（4）推进旅游与演艺的融合。推进大型实景演出综合体、谷文昌一台戏等建设，打造情景模拟、影视展演等活态化、场景化演艺精品，鼓励发展中小型、主题性、特色类、定制类文旅演艺产品。例如，考虑邀请著名艺术家创作海岛题材大型舞台剧《东山映象》，增添东山夜间旅游产品。

3. 国际旅游产品项目吸引力较大

主要体现在国际旅游产品市场份额、项目的可塑性、年均销售率等方面。热带、亚热带、海岛旅游业的持续发展使海岛旅游市场面临日趋激烈的竞争，从而对旅游产品开发提出更高要求。旅游开发较为成功的海岛目的地，往往紧跟旅游市场需求的变化，及时开发调整有竞争力的旅游产品，形成持续的发展动力。例如，美国夏威夷群岛创新开发的蜜月度假游就是成功的典例。法国蓝色海岸城市群马赛、尼斯、戛纳和摩纳哥等，通过特色差异与区域协作，实现旅游发展共赢。夏威夷旅游开发以及近年来迅速崛起的东南亚各国滨海旅游，都涉及与国内、国际其他旅游城市之间的合作，以共享客源市场。

增加国际旅游产品项目吸引力，东山岛也可借鉴美国夏威夷群岛，利用东山岛浪漫的海景氛围，开发设计蜜月度假旅游产品。另外随着帆船运动项目的大众化，也可不定期地举行家庭帆船赛事，开发亲子游帆船旅游产品，打造内涵丰富、有竞争力的旅游产品。通过特色差异，与漳州南靖、龙岩永定及厦门等区域协作，共享客源市场，实现旅游发展共赢。在旅游产业链延伸方面进行积极探索，包括与商务、会展等结合共同构筑城市经济高级化、国际化平台，增强海岛旅游的综合发展能力。

（四）国际旅游服务水平较高

1. 国际旅游服务水平较高

主要体现在国际旅游咨询服务、导游员讲解水平、外语水平、导游数量、旅游区服务态度、服务效率、投诉处理率、国际游客投诉比率、餐饮服务质量等方面。例如，墨西哥坎昆在海滩上每隔一段距离就设有瞭望塔和救生员，备有救生艇，马路上停有救护车，随时准备救护。度假区内各项社会服务也非常齐全，旅游者可以非常方便地兑换各种钱币，得到各种送货服务等。此外，度假区内还设有旅游监督。咨询服务处，向旅游者提供各种宣传资料，接受旅游者的咨询和投诉。

提高国际旅游服务水平，东山岛现有的旅游服务管理体系更多地侧重境内游客，难以适应境外游客的需要。目前要完善东山岛旅游集散咨询服务体系，加快推进国际化、专业化东山县旅游集散中心的建设，有效解决"食住行娱购"功能融合和旅游中转，为国内外游客提供真正"一站式"的服务；科学设置游客咨询服务中心和游客服务点，形成多层级旅游集散网络，完善东山岛景区（点）的服务设施和环境，实现中、英文等多语种旅游引导标识覆盖全岛。全面开展导游培训，组织导游服务技能竞赛，建设导游服务网络平台，切实提高导游服务水平。注重游客体验，加强对旅游从业人员的接待服务技能的培训，不断提高其服务接待水平和服务意识。

2. 国际旅游设施条件较高

主要体现在餐饮设施、购物设施、公共休息设施、引导标志牌、公共厕所、景区安全设施等方面。在巴厘岛、马尔代夫等海岛旅游地几乎看不到传统旅游开发中依托中心城市的做法，而是根据资源分布和旅游者的心理倾向进行旅游空间组织。在巴厘岛和普吉岛早先的旅游开发中还有城市的影子，往往以集镇为中心发展旅游区，如巴厘岛的 KUTA、普吉岛的 PATONG。但在 20 世纪八九十年代以后发展起来的旅游区大都与居民区相分离，如巴厘岛的 NUSADUA 度假区。因此，海岛旅游中餐饮设施、商店设施、公共休息设施、引导标志牌、公共厕所、景区安全设施等地域格局应注意因地制宜，要充分结合资源分布和各项旅游要素来考虑。例如，墨西哥坎昆总体规划对于功能分区给出了较为严格的限制性规定，如对于酒店区、商业区、市区、居民住宅区、工业区以及停车场等的建筑密度、容积率、高度、体积、占地面积都有明确和具体的指标。旅游基础设施和设施的设计和建设应突出热带岛屿的环境效益。

（1）道路建设。无论是普吉岛还是巴厘岛，道路都不宽，但路面很好；没有人试图开凿山路，一切依靠自然的环境来建造。旅游度假区应营造人与自然融为一体、亲近自然的环境。游客可以在旅途中欣赏海岛的风景。

（2）酒店的设计和建设。国际旅游岛屿（如坎昆和马尔代夫）的许多酒店和度假村正在与环境融合，形成独特的旅游资源，这种趋势很明显。又如希尔顿酒店是马尔代夫最豪华的酒店之一。然而，这个豪华酒店的大堂没有铺地毯，没有铺大理石，大堂只是海滩的一个部分。酒店还尝试使用当地的天然材料，别墅里的所有房子都是用当地的木材建造的，在空心砖的墙外用稻草或椰子叶仔细地包裹着。外观统一和谐，内饰舒适豪华。

完善国际旅游设施条件，首先要发展商业零售业。深化商业零售业改革，着力推进国际化改造，大力改善服务环境，促进旅游购物消费。积极发展与旅游相适应的多层次商业零售业态。加快出台境外旅客购物离境退税管理办法，稳步推进离岛旅客免税购物政策的实施，统筹安排好离岛免税店、离境免税店的建设和经营，引进奥特莱斯的商业模式，提供土地等优惠政策支持，建设大型品牌直销购物中心。完善大型购物中心、专卖店、折扣店等多种经营业态。推动连锁经营、直销配送和网上购物等经营方式创新。推进东山岛特色旅游商品开发，加大政策、资金扶持力度，引导旅游商品的研发、生产和销售，培育形成若干旅游商品开发龙头企业。其次，发展餐饮业。深度开发、挖掘东山岛特色饮食文化，推动东山海鲜菜、头水紫菜、干贝酱、芦笋茶（罐头）、海柳烟嘴、金木雕、贝壳通花盘、地雷糖、宋金枣、大茶、烧腱灵、肖米等特色商品进入旅游消费领域，推进餐饮业连锁经营、大力培育东山岛餐饮品牌。引进国内外著名餐饮企业和餐饮品牌，满足不同消费者的需求。建设铜陵夜间步行美食街，培育"左耳听海"咖啡酒吧风情湾，打造"又见东山"主题文化互动体验剧和茶艺馆，推动夜间经济发展。结合旅游节庆和会展活动、举办美食文化节。鼓励编印美食指南，制作美食电视节目，宣传东山岛特色美食。再次，在交通枢纽、景区景点、城市广场等游客较为集中的场所设立旅游咨询服务中心。在交通主干道、景区景点连接道路、旅游城镇、景区景点等处设置规范的中英文旅游标识标牌。最后，实施旅游厕所改扩建工程，制定颁布旅游厕所的卫生质量标准，各类经营场所和公共场所的公用厕所要对游客和公众开放，建成管理规范、清洁卫生、方便游客的旅游厕所体系。

东山岛的旅游基础设施建设应充分注重生态环境限制，不应盲目劈山开路，在山路急转处设置警告指示、护栏、凸面镜。海岛旅游要营造的是一种融入自然、亲近自然的氛围，通过旅游设计提升景观效果是旅游开发的重要内容。旅游基础和接待设施的设计和建设应突出热带岛屿的环境效益，不应盲目追求规模和风格，要借鉴国际旅游岛的生态设计理念。

（五）国际旅游发展环境较好

1. 国际旅游生态环境较好

主要体现在绿化覆盖率、城市空气环境、噪声指数、水体质量、气候适宜期等方面（王蓉等，2022）[10]。国外海岛旅游开发规划非常重视生态环境的保护，不仅把生态保护型开发作为海岛旅游开发的第一自觉性理念，而且还制定了严格的生态环境保护条例。巴厘岛立法规定，所有建筑高度不准超过4层，以保证景观效果。1975年澳大利亚政府颁布的《大堡礁海洋公园法》提出了建立、控制、保护和发展海洋公园，其中涵盖了大堡礁98.5%的区域范围。马尔代夫海岛开发采用"三低一高"原则，即低层建筑、低密度开发、低容量利用和高绿化率，并规定酒店必须建污水净化系统，游客只能在专门的区域下海游泳、活动，不能踩、触珊瑚，不允许在近岸钓鱼，严令禁止近海捕捞。普吉岛则关闭了所有锡矿。以免造成环境负效益。此外，海岛上的建筑风格都尽量与周围环境相协调。往往迎合地形、地貌。巴哈马政府与自然保护协会共同发起"加勒比挑战"计划，联合加勒比海各国组建一个高达4000万美元的政府基金会，计划在2020年之前完成对巴哈马群岛及周边区域内20%的海洋和沿岸生态资源的保护，从而大大改善了世界上 83% 的珊瑚资源和 82% 的红树林的生长环境。美国夏威夷政府大规模建设森林、公园，尽可能多造绿地来保护好各种植被海水、沙滩、空气和各种海洋生物。泰国普吉岛看到开采铁矿对环境造成的严重污染与发展旅游业的矛盾日益突出，果断停止了一切陆地的开矿行为。

政府将制定相关政策，保护岛屿生态环境。未来东山岛旅游发展的过程中，要将经济效益、社会效益和环境效益有效地结合起来，在注重旅游收入的同时，加大海岛环境的保护力度。在原先已经开发的地区进行生态环境整治；在还未开发的区域要综合考虑到东山岛资源的独特性和易毁坏性特点，做到一分开发，一分保护，特别是生态环境敏感区，宁可保留，也不能随意开发和破坏。加强资源环境生态保护，开展"气质""水质""土质"治理行动，以"一带二轴四廊九线十三园"为重点，大力实施造林绿化工程，严格落实生态保护红线管控制度，将 7 个海湾岸线高潮位内侧 200 米划为限建区。严厉打击盗采海砂行为，综合整治砂石经营场所，推进八尺门海堤贯通工程建设，守护海岛的碧海银滩。

2. 国际旅游气息氛围较好

主要体现在居民英语普及率、多语种标示系统、居民参与率、建设热情、对旅游者的友好态度等方面。例如，巴厘岛居民主动为游客让路，对游客微笑，让游客感觉"宾至如归"。普吉岛旅游注重游客体验，随处可见的路牌指示用泰、英、中三国语言写成；每个旅游景点都配有一本旅游画册，帮助游客了解当地全景信息；机场站和主要旅游景点有完善的旅游咨询服务；在交通方面，从公共汽车、出租车到典型的 TUTU 车辆，既方便又便宜；旅游专业人士能熟练使用英语。夏威夷州政府高度重视服务意识和管理，努力为游客创造一个温馨的旅游环境，让每位夏威夷游客都能感受到这里的文化氛围和温馨氛围。例如，当观光船靠近夏威夷海域时，一大群热情的夏威夷女孩驾驶小船靠近，向游客献上一系列五颜六色的花环，并高呼欢迎口号"阿罗哈"（你好），充分表达了她们最诚挚的欢迎。澳大利亚大堡礁构建一个全民参与、用以综合协调各方利益的合作平台，是大堡礁旅游发展的成功经验之一。于 2000 年 1 月成立的大堡礁旅游休闲咨询委员会，其会员分别来自政府、旅游业、当地土著人和渔业等利益相关者。在开发旅游资源的过程中，政府联合当地居民和旅游经营企业共同开发，保护当地旅游资源，形成了社区共管、专业公司与土著居民共同开发的经营管理格局。以度假胜地发展起来的小城镇坎昆较好地解决了旅游者与当地居民的各自利益。坎昆在开发规划时，就将度假区分为四部分：海岛饭店和旅游设施区、新城区、国际机场、自然保护区。虽然海岛旅游区是坎昆的主要商业区，但仍有大面积的土地用于住宿设施，这是一个综合体，与度假区一起兴建。

提高国际旅游氛围。需要不断加强酒店、旅行社、景区等从业人员的外语培训，加强海南东山岛居民的英语培训，创建国际化语言环境。开展不同形式的志愿服务，提高居民参与旅游、受益旅游的积极性。培养全民旅游意识、树立"人人都是旅游形象、处处都是旅游环境"的观念，营造善待游客、文明和谐的旅游氛围。

（六）国际旅游保障体系方面

国际旅游政府主导力较强。主要体现在政府战略目标制定、规划制定与实施、旅游业扶持政策等方面（吴殿廷等，2022）[11]。国外海岛旅游开发的成功与当地政府的大力支持和高度重视密不可分。尤其在海岛旅游开发前期，投资者缺乏信心，投资十分谨慎，政府的引导非常有必要。政府部门对海岛进行统一规划，提供启动资金、搞好基础设施，培育良好的投资环境，对景区建设进行引导和监督。许多海岛旅游度假胜地都是因政府兴建的度假酒店产生示范效应，而逐步发展壮大的，如坎昆岛和巴厘岛等。同时，为促进旅游业有序发展，海岛旅游地都会建立科学的管理体制和监管系统，并注重政府在海岛旅游业发展中扮演的重要角色，强化旅游部门的行业综合协调和监督能力。例如，马尔代夫在海岛开发过程中特别重视海岛规划，对每一个待开发的海岛都会委托国际著名的规划公司对海岛的开发进行规划设计，经过其严格论证后，再报国家批准建设。在开发海岛的过程中，马尔代夫始终坚持"四个一"的模式，即一座海岛及周边海域只允许一家投资开发公司租赁使用；一座海岛只建设一家酒店（或度假村）；一座海岛突出一种建筑风格和文化内涵；一座海岛配备一系列功能齐全的休闲娱乐及后勤服务等设施，形成一个独立、封闭、完整的度假区。在建设过程中，政府严格执行制定的规划，不随便脱离。旅游部门每年进行两次监督检查，对不达标的度假区进行罚款或者予以关闭，以维护整个海岛地区的信誉和秩序。强有力的政府引导和监管体制是海岛旅游成功的必要条件。例如，澳大利亚针对大堡礁建立了完善的法律法规体系。

东山国际旅游岛的建设，政府应注重建立科学的管理体系和监管体系，增强旅游部门的综合管理、协调和监管能力，确保海岛旅游有序合理发展。按照国际旅游岛建设的总体要求，把东山当作整个岛来规划，把全岛范围内的资源统一整合、统一规划、统一土地开发、统一基础设施建设，尤其把陆地资源、海洋资源、生态资源与旅游资源进行整合交配、发挥整体优势。积极落实国家、福建省、漳州市关于发展全域旅游的工作部署，用好用足相关支持和激励政策。加大财政金融支持力度、强化旅游用地用海保障、强化人才支撑等保障政策。例如，进一步优化两岸直航。通过"提前备案+快速验放+简化换证"业务模式，实现"台车入闽"临时牌证立等可取，方便中国台湾游客在闽自驾游；推出财税优惠政策，创建良好的营商环境，招商引资吸引了一批旅游企业入驻；在入境游签证方面申请优惠政策。

（七）国际旅游安全体系方面

1. 国际旅游消费安全较高

主要体现在酒店卫生、食品清洁、环境污染等方面。西班牙马约卡的食品制造业举世闻名，其出产的橄榄油、鱼类、豆类等农产品被誉为"地中海健康食品"，还出产西班牙最好的奶酪、香肠和葡萄酒。墨西哥坎昆不仅提供墨西哥特色饮食、海岛上极具玛雅文化特色的乡土饮食，还聚集了世界美食。巴哈马群岛政府实施了非常苛刻的健康安全标准。

东山应构建国际旅游消费安全体系，加强旅游酒店卫生、食品清洁、环境污染控制等力度。尽快完善旅游市场监管体系，明确监管责任，设立旅游综合执法机构，统筹协调工商、交通、公安、价格、商务、卫生、药监、林业等部门开展联合执法，加强旅游酒店卫生、食品清洁、环境污染防控等执法监督力度，健全企业诚信服务体系，建立健全企业信用警示、惩戒以及信用预警机制。

2. 国际旅游保障安全较高

主要体现在应急预案制定、颁布、演练，巡警制度、旅游求救电话、旅游从业人员安全培训等方面。墨西哥坎昆旅游度假区的海滩上，时时变换着不同颜色的风球，以妨游客因不知道海潮的规律，盲目下海而出现危险；在海滩上每隔一段距离还设有瞭望塔和救生员，备有救生艇和救护车，随时准备救护。

东山应不断加强国际旅游安全保障体系建设，完善应急预案制定、颁布、演练，巡警制度、旅游救援电话，旅游从业人员安全培训等。建立健全预警和应急机制，完善应急救援、公共医疗、卫生检疫防疫等安全救助体系。建立健全旅游安全保障机制，以旅游交通、旅游设施、旅游餐饮安全为重点，严格安全标准，完善安全设施，加强安全检查，落实安全责任，消除安全隐患。严格执行安全事故报告制度和重大责任追究制度。完善旅游安全提示预警制度，重点旅游地区要建立旅游专业气象、海洋环境、地质灾害、生态环境等监测和预报预警系统。防止重大突发疫情通过旅行途径扩散。健全旅游紧急救援体系，完善应急处置机制，增强应急处置能力。

第三节　基于生态系统服务价值合理消耗的生态旅游岛发展建议

一、科学合理规划旅游用地及酒店、餐厅等旅游接待服务设施

根据旅游区所处位置及用地的现状，在未来的旅游用地规划中，应考虑旅

游用地布局与村镇建设空间及景区景点之间的关系（朱鹤和刘家明，2023）[12]；旅游用地规模与经济发展水平、景区游客容量之间的关系；旅游用地规划如何满足各类旅游产品的功能需求；与乡村旅游相融合，使当地村民共享旅游开发带来的益处。

根据图 12-1 可知，东山岛滨海旅游区近海旅游建设用地规模较大，旅游交通道路、旅游地产、酒店、餐厅密集分布，以致滨海旅游区生态功能降低。为协调旅游开发的生态价值和经济价值，提高滨海旅游区旅游开发后的生态效益和经济效益。可考虑将旅游用地及旅游接待服务设施"内迁"至滨海的乡村，把酒店、餐厅建在村庄里，充分利用村庄的农业及土地资源等优势，将乡村旅游和滨海旅游相结合，开发民宿及休闲渔业等旅游产品，更好地满足游客的多元化需求。已开发的马銮湾、金銮湾滨海旅游区，可考虑不继续开发，采用"内迁"的方式。对于尚未开发的乌礁湾，规划时考虑划分沿海的生态红线，凡是生态红线以内的地域不能进行旅游开发，参考马銮湾、金銮湾"内迁"后的做法，科学合理规划布局旅游用地及旅游接待服务设施。马銮湾、金銮湾及乌礁湾村庄的人口及土地情况如表 12-7 所示。

表 12-7　马銮湾、金銮湾及乌礁湾村庄的人口、土地、农业资源情况

村庄	人口（人）	总面积（亩）	耕地面积（亩）	园地面积（亩）	林地面积（亩）	家庭农场面积（亩）	家庭农场个数（个）	农民专业合作社个数（个）
马銮村	1421	650	562	0	0	0	0	1
美山村	968	747	687	0	15	0	0	1
东沈村	3646	1555	135	570	450	1075	2	0
南埔村	1518	450	220	70	100	75	1	0
湖尾村	2157	1855	1405	0	250	80	1	0
梧龙村	3960	6500	2400	0	1000	280	2	1
亲营村	1289	2350	200	0	150	0	0	1
白埕村	3910	5500	2200	900	1400	2108	25	1
山口村	2890	7600	2700	1000	2700	1876	22	0

村庄	人口（人）	总面积（亩）	耕地面积（亩）	园地面积（亩）	林地面积（亩）	家庭农场面积（亩）	家庭农场个数（个）	农民专业合作社个数（个）
澳角村	3860	1400	400	100	7100	781	3	1
黄山村	1530	810	700	0	0	576	7	1

资料来源：根据东山县农业局 2017 年资料整理。

二、提高旅游区管委会科学管理水平，发挥监管机构作用

要提高东山岛滨海旅游区整体的科学管理水平，要有一个完善的管理职能机构。应采取以下六项措施：

（1）加强对景区管理机构的成员进行有关生态环境保护管理的教育培训，提高工作人员相关专业知识和管理能力，加强组织协调能力和技能，以及加强对法律法规及其他管理政策的学习和应用，从各方面加强其生态环境保护意识，熟悉生态环境监管内容及业务。

（2）建立健全完整的管理体系、激励机制和监管机制，对旅游区内旅游企业和游客进行监管及执法力度不断加强，对涉及旅游区生态保护的事宜做出准确判断和明确处理。

（3）加强信息化建设，建立旅游区信息平台，尤其是大数据平台，实现旅游资源、市场情况、旅游安全等方面的数据动态监测，科学决策和精细管理。

（4）加强服务质量监督和考核，加强对旅游从业人员的管理及人性化服务，提高旅游接待能力和旅游消费的价值感。

（5）维护合法权益，拓宽社会监督渠道，扩大公共参与，依法保护旅游从业人员及游客的合法权益，规范旅游市场秩序和生态保护。

（6）加强协同合作，通过德、行、财产和有关管理部门的协同合作，提高旅游区内管理体系的标准化、自我完善和协同互补，共同构建一个管理优良、旅游繁荣、生态美好的旅游区。总之，提高旅游区管委会科学管理水平需要从不同

方面入手，对滨海旅游景区的监管做到有法可依、有法必依，向游客、当地居民及商户开展生态环境知识教育，制止破坏生态环境的不友好行为，积极打造一个管理高效、科学合理的旅游区体系，加强监管机构力度，确保旅游区的管理和发展顺畅而有序。

三、制定相应补偿标准，加大补偿力度

补偿标准是生态补偿的核心，关系到补偿的效果以及补偿者的承受能力。应采取以下五项措施：

（1）确保形成一套长效的生态补偿机制，每年的生态补偿资金稳中有升，考虑到不同地区和不同行业所造成的生态破坏程度不同，应根据具体情况制定相应的补偿标准。

（2）确定具体的补偿对象和范围。应明确受损生态环境和受到污染、破坏的群体或个人，以及他们应该获得的补偿范围。

（3）基于可持续发展原则制定补偿标准。补偿标准要充分考虑生态环境的可持续发展，补偿方式和金额要保证补偿对象能够持久受益。

（4）加大补偿力度：为了确保补偿的效力，政府和企业需要承担更多的责任和成本，为补偿提供充足的财力和人力支持。

（5）制定法律和规定以确保补偿落实。制定相关的法律和规定，以确保补偿标准得到有效落实和执行，同时适当的惩罚和处罚制度也能起到威慑效果，防止恶意破坏和污染行为的发生。

总之，制定合理的生态补偿标准，可以有效确保生态环境的保护和修复，同时有利于促进管理者对滨海旅游区生态保护的重视程度，为生态环境和可持续发展做出积极贡献。更重要的是，生态补偿制度的实施也可以使当地的居民共享旅游开发的益处，提高他们保护海洋生态环境的主观愿望。

四、加强对游客、当地居民生态环境保护教育

游客、当地居民的生态环境保护意识对滨海旅游生态保护起到重要的作用，

当地政府及企业应当采取六项措施加以提高。

（1）东山县政府应制定严格的管理法规。针对当地水环境遭受污染、土地退化和生物多样性丧失等问题进行调查分析，听取当地有关部门意见，制定切实可行的政策法规对游客和当地居民进行约束，从而减少对环境的破坏。

（2）东山县各级政府应积极主动开展有关海洋生态环境保护的宣传活动，并制作宣传海报、手册，或者制作宣传视频，在旅游景点、公共场所、村庄等地方张贴或播放，提高当地居民和游客对生态环境保护的认识。

（3）社会有关公益组织可自行发起环保活动，例如组织垃圾清理活动、植树造林活动等，可以吸引更多的游客和当地居民参与，提高他们保护生态环境的意识。

（4）增加多样的生态旅游项目，开展一些与生态环境保护相关的活动，如徒步旅行、生态骑游等，鼓励游客对自然环境进行观察、探索和保护。

（5）将水体、土壤、大气、动植物等各类生态要素监测数据与统计数据公开，提升当地群众及游客对旅游区生态环境的保护意识。

（6）营造社会舆论，建立相关的社交网络平台，发起相关活动，组织相关论坛，引导更多人关注生态环境保护问题，营造社会舆论，增加对生态环境保护的责任感和意识。

五、建立长期持续的生态环境监测体系

除了树立全民可持续发展观念、加强生态环境保护意识之外，还应制定相应的规章制度，严厉打击破坏生态环境等行为。因此，在滨海旅游区建立相应的动态监测与控制系统，确定旅游景点旅游活动人数、旅游垃圾量、水质、生活污水排放及土壤等生态环境监测指标，便于随时掌控情况，快速并有效地对滨海旅游区生态环境实行管理与保护。

具体地，建立长期持续的生态环境监测体系需要以下七个关键步骤：

（1）设定监测目标。根据地区的特点和需求，确定监测的目标，例如水质、

空气质量等指标，以及需要监测的生态系统和生态要素。

（2）确定监测方法。根据监测目标，确定适当的监测方法，并考虑如何收集和处理监测数据。

（3）确定监测频率。根据监测目标和方法，确定监测的频率和时间间隔，以及监测的持续时间，以确保监测可以长期持续并提供可靠的数据。

（4）建立监测数据库。建立相应的数据库，存储监测到的数据，并提供相应的数据分析和处理工具，以便分析和发布监测结果，以及形成预警和决策支持。

（5）拓宽监测渠道。通过采用遥感技术、无人机等新型技术手段对生态环境进行监测，拓宽监测渠道，加强对生态环境监测工作的覆盖范围。

（6）建立相关法律制度。建立生态环境监测的相关法律制度和规章制度，以明确监测工作的职责和任务，规范监测工作的程序和结果的使用。

（7）健全管理机制。建立和完善管理机制，强化部门间、地区间、区域间的信息交换，提高生态环境监测的综合整合程度，做到有效实施。

总之，建立长期持续的生态环境监测体系需要政府、企业、当地居民及游客各方共同参与、落实，并不断创新，加强精细监测，推进东山岛生态环境保护工作，从而实现生态环境的长期可持续发展。

参考文献

［1］陈友荣．生态旅游岛控制性详细规划控制体系探析——以福州市马尾新城琅岐岛控制性详细规划为例［J］．福建建筑，2013（1）：1-5.

［2］邓云成，刘旭，高奕康．论海岛生态旅游的"工笔画"［J］．海洋开发与管理，2020，37（12）：10-15.

［3］章锦河．擘画海岛旅游发展，助力中国式现代化建设——《海岛旅游开发模式与生态健康评价》评介［J］．中国生态旅游，2022，12（5）：902-903.

［4］张茂莎，周亚琦，盛茂银．建立以国家公园为主体的自然保护地体系的思考与建议综述［J］．生态科学，2022，41（6）：237．

［5］汪宇明，吴文佳，钱磊，等．生态文明导向的旅游发展方式转型——基于崇明岛案例［J］．旅游科学，2010，24（4）：1-11．

［6］李涛，王钊，陶卓民，等．基于产业投资视角的乡村旅游发展区域差异与形成机制［J］．自然资源学报，2022，37（8）：2051-2064．

［7］杨心怡，叶俏汝．苍南县民宿与旅游资源的协同发展研究［J］．Sustainable Development，2022，12：923．

［8］詹伟鹏，蔡晨璐．乡村振兴背景下乡村生态旅游发展对策研究——以福建平潭青观顶村为例［J］．农学学报，2023，13（3）：107．

［9］李渊，郭晶，黄竞雄，等．海岛型旅游地空间形态对旅游者行为的影响研究——以福建省5个旅游岛为例［J］．Tourism Tribune，2022，37（6）．

［10］王蓉，欧阳红，代美玲，等．旅游地可持续生计：国际研究进展评述及其对中国的启示［J］．人文地理，2022，37（4）：10-21．

［11］吴殿廷，郭来喜，刘锋，等．世界旅游强国建设：国际经验与中国方略［J］．中国生态旅游，2022，12（4）：533-549．

［12］朱鹤，刘家明．旅游导向下自然保护区外围区空间演变——以长白山国家级自然保护区外围区为例［J］．自然资源学报，2023，38（4）：918-933．

后　记

　　海岛型旅游地既是宝贵的自然资源，也是人类共同的遗产。为了更好地保护和可持续利用这些资源，我们努力探索了生态系统服务价值评估的方法和应用。

　　本书首先梳理国内外有关生态系统服务价值方面的研究文献，确定海岛型旅游地旅游生态系统服务价值评估研究的框架，然后通过实地调研、收集资料、采样分析等方式进一步剖析旅游发展背景下滨海区生态系统中水、土壤、土地利用、木麻黄林、海滩5个因素的变化，量化评估旅游开发对滨海区生态环境的影响。接着，借助问卷调查分析核心利益相关者对生态系统中木麻黄林、海滩的认知度以及景区游客环境友好行为与情境因素的关系。最后，通过对东山县旅游发展和生态环境现状进行耦合度测算，探究影响旅游发展和生态环境耦合协调度的因素，提出基于生态系统服务价值合理消耗的国际生态旅游岛发展建议。希望这些研究成果能够为决策者、从业者和研究者提供有益的参考，推动海岛型旅游地的可持续发展。

　　本书是在本人博士后出站报告的基础上修改撰写而成的，在写作过程中得到浙江理工大学郭青海教授、江西财经大学李文明教授的指导，书稿完成之际，首先向二位学者致以最诚挚的谢意！也感谢在撰写过程中，众多同事和朋友给予的指导与启发。感谢经济管理出版社陈艺莹等几位编辑给予的精心校对和修订，才使本书得以顺利出版。本书在撰写过程中，也参考了国内外专家学者的研究成果，在此表示衷心的感谢！由于本人时间和学术水平有限，因此书中难免存在疏漏与不足之处，在此恳请各位专家和学者批评指正！

李明峰

2023 年 11 月